図解

「地形」と「戦術」で見る日本の城

風来堂

イースト新書Q
Q069

はじめに　武将になった気分で城を「攻める」「守る」

城といえば、どのようなものを思い浮かべるだろうか。姫路城や熊本城のように、美しさが語られる城は多く、竹田城や越前大野城といった雲海に浮かぶ城も、絶景ファンに人気が高い。しかし、歴史が好きな人なら、戦国時代に想像をふくらませながら、「武将たちの視点で城を堪能したい」と思っている人も多いはずだ。

本書では、城を「軍事施設」としてとらえることを重視し、「攻め」「守り」の視点だとどのように見えてくるか、というスタンスで解説する。地形の妙と築城者の技巧をあますところなく伝えるべく、一つの城を徹底的に分析している。

ラインナップも、それらが前面に出ている城を厳選している。おそらく、かなりの城好きでも、本書掲載の57城全てに足を運んでいる人は少ないだろう。名前も知らない城だらけ、という読者も多いはず。

しかし、安心して欲しい。本書に載っている城はいずれも、現地に足を運べば間違いなく、「城好き心」をくすぐられること必至。本書はそのための案内書となるはずだ。また、訪問後に再び読めば、「あの構造はこういうことだったのか」と、より深く城を知るきっかけにもなるだろう。
城の本では、地形図をベースにした縄張図を掲載することが多いが、本書では立体的なイラストマップを用いている。城好きの人なら一度は覗いたことがあるだろう、次のｗｅｂサイトのものを元に加工したものだ。

「余湖くんのホームページ」http://yogokun.my.coocan.jp

俗に「余湖図」ともいわれるイラストマップは、高低差や遺構が視認しやすく立体化されており、城の構造が手に取るようにわかる。距離や方角は若干、アレンジされて実測と異なる部分もあるが、一般的な縄張図を参照するよりも、現地で遺構を見つけやすい。マップを快く提供してくださった余湖浩一氏には、心から御礼申し上げたい。
本を眺めているだけでもワクワクするが、そのうち現地に足を運びたくなるはず。本書で触れている攻防のポイントは、あくまで一例。オリジナルの攻め方、守り方を思案しながら、ぜひ、リアルな城を〝体感〟して欲しい。

風来堂

図解「地形」と「戦術」で見る日本の城●目次

第二章　城好きもうなる技巧派の城

第四章 謎だらけの個性的な城 139

第五章 知られざる隠れた名城 179

※本書の情報は2020年12月現在のものです
※本書掲載の立体図は略図です。実際の縮尺や方位とは多少異なる部分があります
※城内のスポット名は編集部で調整し、現地表記と異なる場合があります（郭→曲輪、二の丸→二ノ丸など）

序章

城の基礎知識

城の構造は、立地や築城者の技術、時代によっても千差万別。だが共通するポイントはある。基礎知識をきちんと頭に叩きこみ、現地での「見方」と「歩き方」のセオリーを学んでから、城に足を運びたい。

城の基本構造

城はまず、第一に軍事施設だ。立派な天守がそびえる平城は、俗に「見せるための城」と称されることもあるが、それでも「戦うための城」の要素がゼロの城は存在しない。戦乱にまみれた戦国時代に築かれた城なら、そのほとんどが「戦うため〝だけ〟の城」といってもも過言ではない。

そして城には、「攻」と「防」の二つのタイプがある。

「攻」の城は、敵国に攻め込んだ際の前線基地だ。いわゆる「陣城」「付城」と呼ばれるもので、攻め落とすべき敵の城と相対する位置に築かれる。突貫工事になるため、必要最低限の造作で済ませることも多く、また、使用されるのは一度きりで、その後放棄されてしまうことも珍しくない。

一方、「防」の城は、敵国から攻めこまれた際の防衛拠点として。自国と周辺国との境界付近の峠や山、本拠とする館の裏山などに築かれることが多い。自国内のため、築城に比較的年月をかけることもできる。改修を繰り返して徐々に発展していくこともある。

「対敵」と「籠城」それぞれに必要なもの

城全体の配置を「縄張《なわばり》」、その見取図を「縄張図」と呼ぶ。城の数だけ縄張があり、全国で一つとして同じものはないのだが、ベースとなる考え方は共通している。「対敵」と「籠城」の二つの観点から見るとわかりやすい。

まず「対敵」の観点としては、城の内外で敵の動きを分断し、遮ることが重要だ。堀のような凸凹や崖のような急斜面が、その役割を果たす。敵の動きを遮断できれば、攻め手と守り手との距離を離すことができ、守り手側には時間的余裕が生まれる。

さらに、攻め手の動きの速度を緩めることと、少人数でしか移動できなくすることも有効だ。斜面に凸凹を施せば登りづらくなるし、入口や通路の幅を狭めれば足止めになり、突入できる人数も制限される。

「籠城」の観点で重要なこともある。城内は広く、平坦な方が兵の駐屯に向いている。いくら険しい山でも平地がない山城では、一見堅そうに見えるが、守備兵が多く置けず落城しやすい。

もう一つは「水の手」と呼ばれる水源の確保だ。大抵は井戸や湧き水を活用していたようだが、まれに雨水を溜めて水を確保していた城もあったようだ。城を新たに築く場合は、水の確保が必要最低条件となる。

「高低差」と「角度」で優位に立つ

守備側の戦い方のセオリーとしては、「高低差」と「角度」の二つの確保があげられる。これらの優位性を生かして敵を撃退する。

多くの城がなぜ「山」に築かれているかというと、あらかじめ自然地形の高低差があるから。そこに土木加工を施して、さらに高低差を増したり、角度をつけたりして強度を増すことができる。

「高低差」を生かした戦い方としては、見上げるような断崖から、矢や鉄砲、巨石を落とす攻撃や、堀にはまりこんだ敵兵を、頭上から一網打尽にする方法があげられる。

もう一つの「角度」は、攻め入る敵の動線を意識してみるとわかりやすい。城には「折れ」を伴う道が多いが、敵の向きを変えることで城内からは側面や背面を狙える。また、角の部分なら二方向からの攻撃が可能となる。建物や高さと幅のある構造物の陰に隠れながら、継続的に身を乗り出し、敵を奇襲するのも角度を生かした戦い方といえる。

高低差と角度は、実際に現地に足を運ぶと、身を持って体感できる。その際のおすすめは、攻撃側と防御側のそれぞれの視点に立ってみること。そうすると、どのように狙い、狙われるかがはっきりわかる。

組み合わせによって城の強度はさらにアップ

城の構造物や仕組みには、それぞれに役割があるが、それらを組み合わせることで防御力がさらに増す。

堀を掘ったすぐ脇に土を盛れば、高低差は二倍になる。掘った土を積み上げていけば良いので、加工の手間も効率的だ。尾根に堀を入れて分断すれば敵の進む勢いを止められるが、その尾根の両脇斜面に縦型の溝を施せば、さらに敵の行く手を複雑化できる。また、さまざまな構造物同士の位置を工夫することによって、視野が補完でき、敵の想定外の角度から攻撃ができるようにもなる。このように、地形や構造物の組み合わせ方次第で、城の強度を上げることができる。

城に設けられる基本的な構造物の特徴は次の節で取り上げる。これらを把握することで、往時の武将たちが、自然の地形を利用し、知恵を絞りせめぎ合った「軍事施設」としての城を、より理解できるはずだ。

城各部の役割と特徴

城の縄張は千差万別で、一つとして同じものはない。ただし、多少形状は違っても、各部ごとの役割は共通している。それぞれの攻防における特徴と、組み合わせることで生じるメリットについて知っておくと、城の見方や城巡りが一気に充実したものになる。

●虎口《こぐち》……城や曲輪の出入口のこと。本丸では表口の「大手」と裏口の「搦手《からめて》」が設けられた。本丸以外の曲輪は、大きさによって多数の虎口を開く場合もある。城の防御の要であり、攻撃の利便を考えられた出撃口でもあった。

●馬出《うまだし》……虎口の外側に設けられた半円形や角形の小さな曲輪。外周に狭い堀や土塁などをめぐらしている。兵が出撃する際の拠点となり、馬出に侵入しようとする敵には、城内から横矢を掛けて(側面・背後など二方向以上から攻撃すること)阻むことができる。

●土橋《どばし》……堀を渡る際に架けられる橋で、石垣や土塁でできたもの。破壊されにくいため、大手門前などの重要な虎口に用いられた。幅が狭く敵が一列になるため、攻撃しやすくなる。

●曲輪《くるわ》……城を構成し、建物など防御設備を設けた区画。近世では「丸」と呼ばれることも多く、城の中心を本曲輪(本丸)、それに続くものを二ノ曲輪(二ノ丸)といい、方角や用途によってもさまざまな名前をつけられた。

虎口の種類

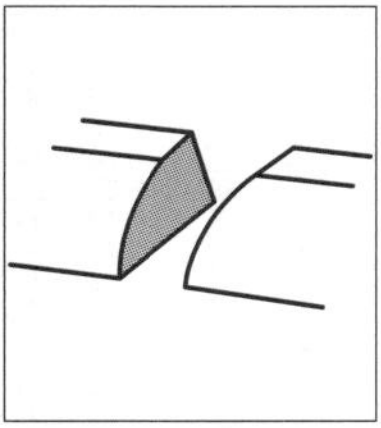

平虎口《ひらこぐち》

土塁や石垣を切って門などを配しただけの虎口。突破されると城内に直進されるため、防御に不利とされていた。

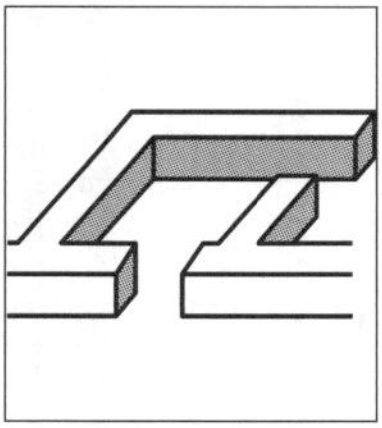

桝形虎口《ますがたこぐち》

土塁や石垣で四角に囲んだ虎口。外側の辺に第一の門、左右の辺に第二の門を設け、桝形内の敵に四方から攻撃する。

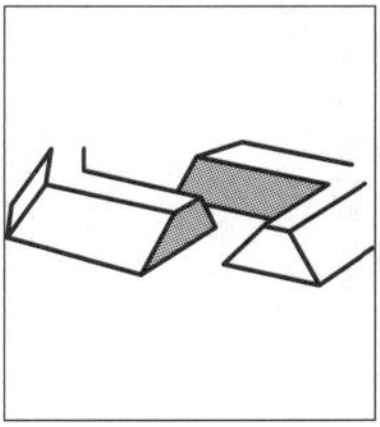

喰違虎口《くいちがいこぐち》

虎口両側の土塁や石垣をずらして互い違いに置き、開口部を側面に設けた虎口。敵の直進を阻み、側面から攻撃できる。

馬出

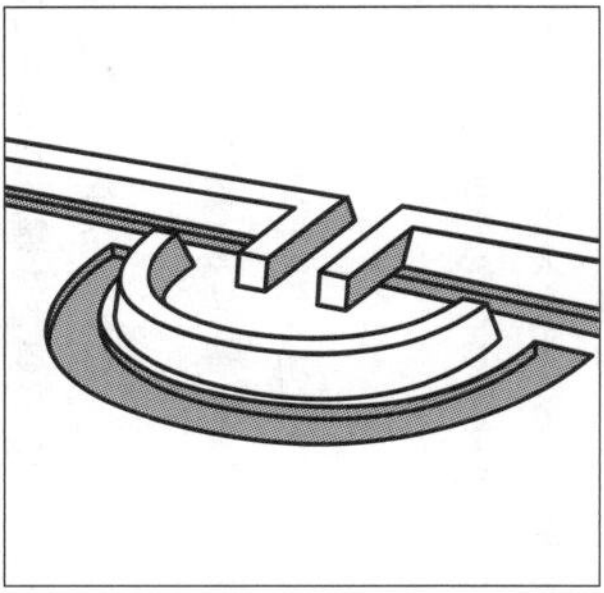

半円形の丸馬出と方形の角《かど》馬出の二種類がある。丸馬出は多くが土造りで、石垣でできたものは角馬出がほとんどだった。

土橋と空堀

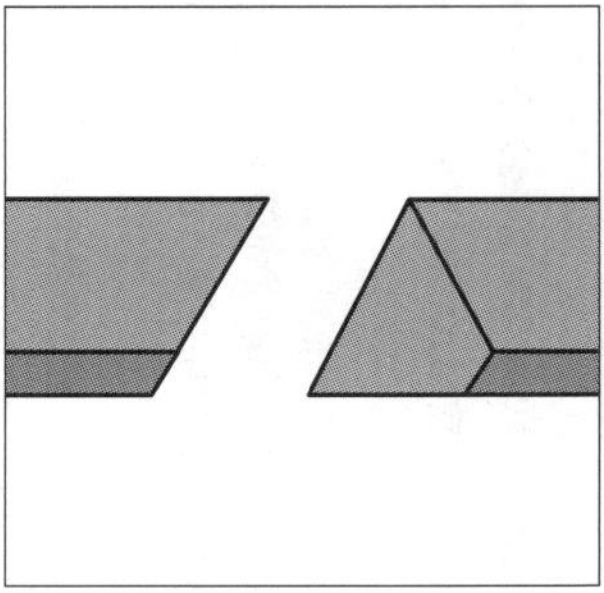

空堀を掘る際に、土を高く盛ったり、通路状に掘り残したりして土橋を造る。土橋の下には土砂が詰まっていて破壊されにくい。

●堀……水をたたえた水堀と、水のない空堀《からぼり》がある。中世城郭は山や台地に築かれることが多いため、空堀が主流。さらに底の形状で、堀底がV字状の薬研堀《やげんぼり》、堀底が平らな箱堀などに分類される。

●土塁《どるい》……曲輪の端に土を盛って造られた壁。侵入する敵を阻む防御の要であり、特に東日本で発達した。土塁の崩れを防ぐために、層状に土砂を重ね、各層ごとに叩き固める版築《はんちく》という工法を用いたり、芝や笹を植えたりした。

●切岸《きりぎし》……曲輪周辺の斜面を、自然の傾斜を利用して人工的に削り込み、急勾配とした土塁。中世城郭の山城では重要な防御施設。60度を超える崖のような急斜面は登ることが難しく、侵入を阻む役割を果たす。

●石垣……元々は土塁を補強するために使用されていたが、16世紀後半には城へ本格的に使用されるようになった。石の加工方法や積み方で分類される。16世紀末には急勾配の高石垣も数多く造られた。

●天守・天守台……高さ5～15mほどの石垣で造られた天守台と呼ばれる台座の上に、城の象徴とされる天守が築かれた。天守には構造の違う、望楼型と層塔型の二種類がある。国宝指定の5天守を含め、12の天守が全国に現存している。

●土塀《どべい》……土塁や石垣の上に築かれ、外からの敵の侵入を阻止する。柱を掘立《ほったて》にし、裏側には控柱《ひかえばしら》を入れて強度を増している。弓を射たり鉄砲を撃ったりするための狭間《さま》(攻撃用の穴や窓)が設けられている。近世になると漆喰塗が主流となる。

堀の種類

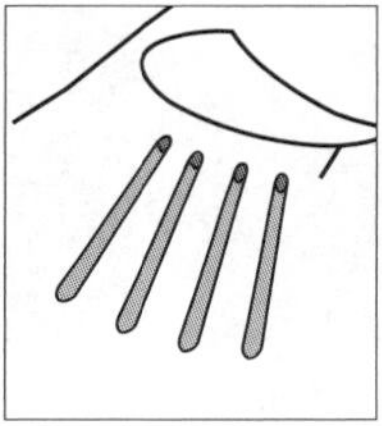

竪堀《たてぼり》

山の斜面に縦に仕切って掘った空堀。敵の横方向の移動を妨げる。竪堀を斜面に何本も連続して並べたものが畝状《うねじょう》竪堀。

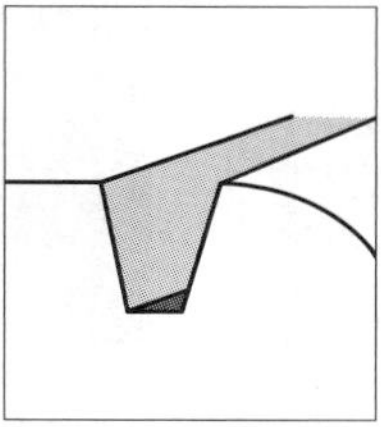

横堀

曲輪の側面に対し平行に掘られた空堀で、敵の縦移動を阻止する。曲輪や城域を囲むようにめぐらせることも多い。

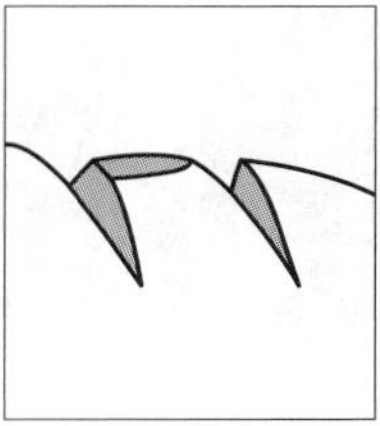

堀切《ほりきり》

山の尾根を分断し、敵の前進する勢いを削ぐ。二重、三重と連続している場合もある。細尾根だと効果抜群。

切岸

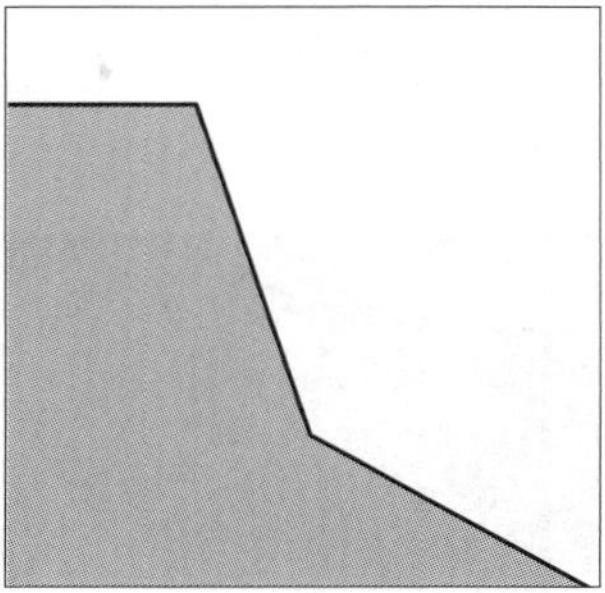

斜面を急勾配に削るため、硬い地盤をもつ山城に多く見られる。切り崩した土砂で帯曲輪を造成することもある。

堀と土塁

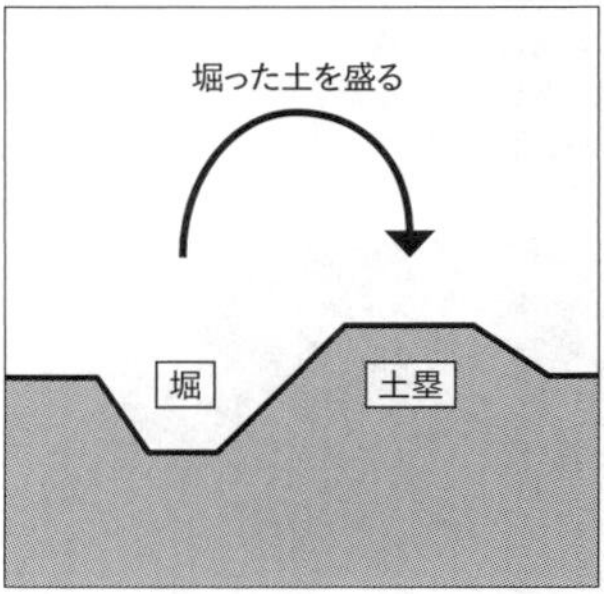

堀を掘った際の排土を城内側に盛り土すると、土塁となる。資材を無駄にすることなく城を強化できる。

その他の構造

水の手

籠城戦の際には兵糧とともに必須となる、城内にある水源のこと。井戸が多いが、湧水や貯水池の場合もある。

横矢《よこや》

「横矢掛《が》かり」とも。土塁や石垣を屈曲させることで、アングルの異なる二方向から敵を同時に攻撃できる。

堀底道《ほりぞこみち》

両側に土塁を盛ったり、地面を凹状に掘って幅を狭めた通路。攻撃側は、人数と進路を制限されてしまう。

礎石《そせき》

天守や櫓《やぐら》など、建物があったことを示す証拠。柱を立てる際の土台で、通常は複数が列をなしている。

段曲輪

高低差のある部分に連続して設けられた曲輪のこと。曲輪間は切岸加工されていることが多い。

帯曲輪

比較的大きな曲輪に付属する、奥行きが狭く、横幅の広い曲輪のこと。段曲輪状に連続していることもある。

第一章 実戦の舞台になった城

攻め手は、どこから突入したのか。あるいは守備側は、どこで侵入を防ぎきったのか。史実に合戦の記録が残る城は、関わった武将たちのスタイルや思考も含めて見ていくと、より楽しみがふくらむ。

小谷城《おだにじょう》

浅井三代の栄華も信長の怒りに屈する

所在地 滋賀県長浜市湖北町伊部

旧国名 近江国

京と隣接していた近江国は、北陸や東海地方から京へ抜ける交通路で、現在の滋賀県長浜市・米原市・彦根市周辺の北近江は主要街道が交わる位置にあった。この要衝を守っていたのが小谷城であった。1500年代前半に頭角を現し浅井氏初代となる浅井亮政《あざいすけまさ》は小谷城を築き、浅井氏による北近江支配の礎を整えた。二代・久政《ひさまさ》は南近江の六角《ろっかく》氏による干渉を受けるが、内政に力を発揮する。三代・長政《ながまさ》の時代になると、六角氏のしがらみを解き、織田信長と同盟関係を結び、支配権を盤石とした。

ところが、1570（元亀元）年に信長が越前の朝倉氏を攻めた際、長政が信長を裏切ったことで状況が一変する。同年、小谷城近郊の姉川で浅井・朝倉軍は織田軍と戦うが、敗北。織田軍が小谷城南方の横山城を奪取し、さらに1572（天正元）年には小谷城の

別名

――

築城年

1525（大永5）年ごろ

主な城主

浅井亮政、浅井久政、浅井長政

遺構

石垣、曲輪、土塁、堀切、桝形虎口、門跡

本丸は二段構成。天守があったとされる。現在は下部の石垣の一部が残る

目と鼻の先にある虎御前山にも付城を築いたことで、浅井軍は身動きがとれなくなってしまった。援軍に駆けつけた朝倉軍が小谷城北側の大嶽城に布陣するも、織田軍の前にあえなく陥落。朝倉氏は本拠である越前国の一乗谷まで一気に攻め込まれ、朝倉氏は滅亡に追いやられる。

後ろ盾を失った小谷城は孤立しながらも、しばらく持ちこたえたものの、1573（天正元）年8月、信長に総攻撃の命を受けた木下藤吉郎（のちの秀吉）率いる3000の兵の夜襲を受け、本丸の手前に位置する京極丸を占拠される。本丸はほかの曲輪から分断されてしまい、長政は父・久政とともに自害し、浅井氏は滅亡した。

小谷城 縄張図

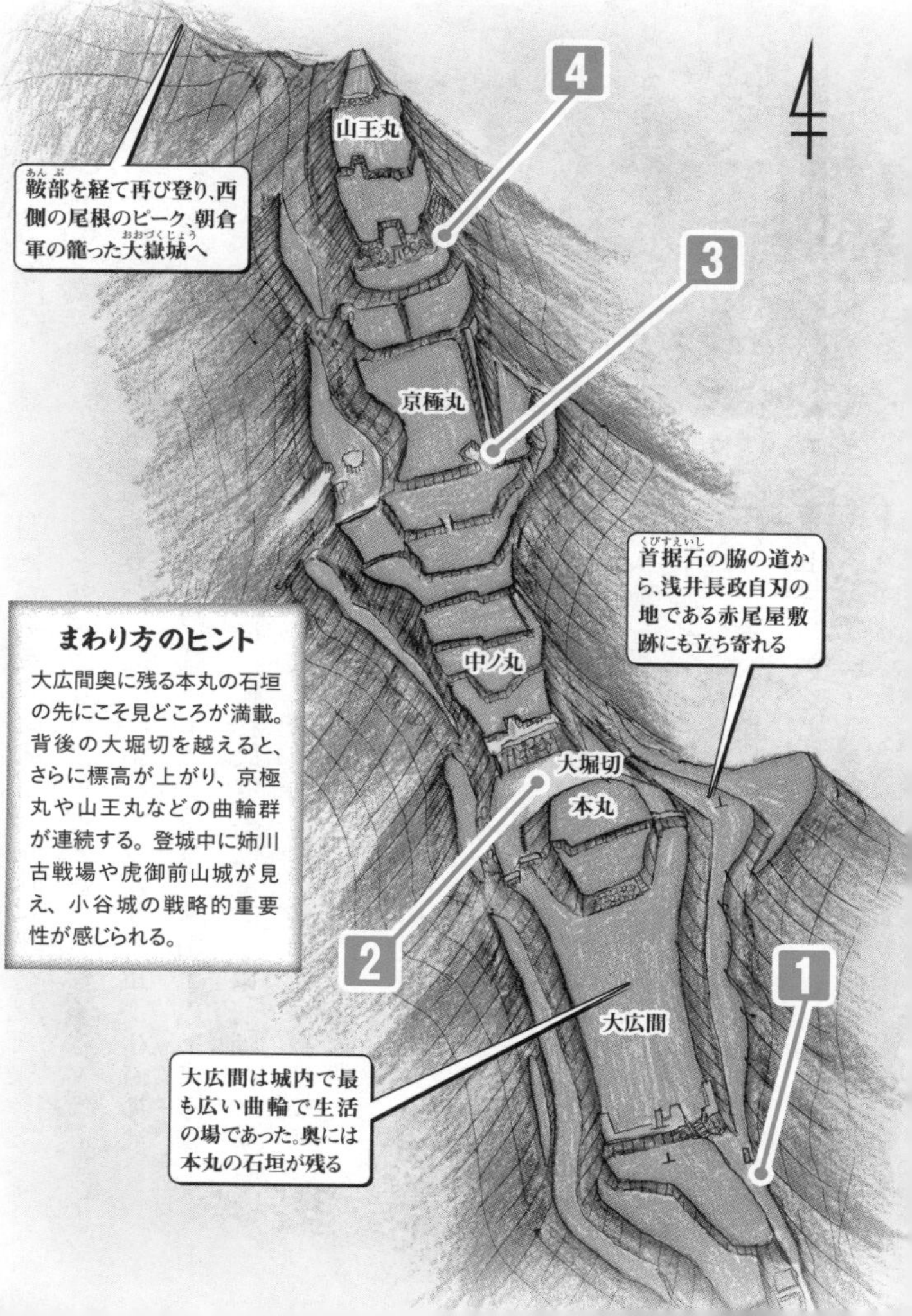

鞍部《あんぶ》を経て再び登り、西側の尾根のピーク、朝倉軍の籠った大嶽城《おおづくじょう》へ
4
山王丸
3
京極丸
首据石《くびすえいし》の脇の道から、浅井長政自刃の地である赤尾屋敷跡にも立ち寄れる
中ノ丸
大堀切
本丸
2
1
大広間
大広間は城内で最も広い曲輪で生活の場であった。奥には本丸の石垣が残る

まわり方のヒント

大広間奥に残る本丸の石垣の先にこそ見どころが満載。背後の大堀切を越えると、さらに標高が上がり、京極丸や山王丸などの曲輪群が連続する。登城中に姉川古戦場や虎御前山城が見え、小谷城の戦略的重要性が感じられる。

攻略のポイント

1 登城道を振り返り姉川古戦場を一望する

首据石の手前からは姉川の古戦場や、攻防戦が繰り広げられた横山城が一望できる。小谷城は琵琶湖に近く、北陸道と中山道の要所を抑えていた。

2 小谷落城の原因？中枢部を二分する大堀切

本丸背後の大堀切は敵の攻撃を防ぐ一方で、味方との連絡に支障をきたした可能性がある。大堀切より北の曲輪の虎口は、中央に配置されたものが目立つ。

3 羽柴秀吉が攻略した京極丸の虎口

西側の曲輪に石積みを用いた桝形虎口を配し、守りを固めた。小谷城総攻撃の際に木下藤吉郎が攻略し、小谷城の落城を決定づけた。

4 山王丸は大石垣を備えた詰めの城

中枢部の最高所にあたり、二段の曲輪と詰めの曲輪から構成される。東斜面に残る高さ約 5m の大石垣の隅部には算木《さんぎ》積み（石垣の角の部分を強固にする工法）が見られ、高度な築城術を物語っている。

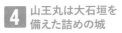

滝山城《たきやまじょう》

武田軍2万の軍勢を辛くも跳ね返す

所在地 東京都八王子市高月町

旧国名 武蔵国

滝山城の築城主は関東の有力武将であった山内上杉氏の重臣・大石定重《さだしげ》。多摩川が加住《かすみ》丘陵にぶつかる位置にあり、複雑な地形を取り入れた東西に広い縄張を誇る。

定重は滝山城築城に伴い、それまでの居城だった高月城から本拠地を移したとされる。その後、大石氏が北条氏の配下となり、大石氏の養子となった北条氏照《うじてる》の入城により滝山城も北条氏傘下に収まった。氏照は、北条氏の外交・軍事における重責を担う人物であった。

戦国時代、有力武将であった北条氏、武田氏、今川氏の間では同盟が結ばれており、三者の勢力は均衡が保たれていた。だが、1560（永禄3）年に「桶狭間の戦い」で今川義元が討ち死にすると、その関係性は崩れ、やがて武田信玄が関東に攻め込んで来る。1569（永禄12）年、北条氏の小田原城を目指す武田軍は甲州街道を通り、武蔵国に進

別名
——

築城年
1521（永正18）年

主な城主
大石定重、北条氏照

遺構
井戸、曲輪、竪堀、土塁、堀切、土橋、桝形虎口、横堀

本丸・中ノ丸間の引橋（再現）。合戦時は橋を引き込めるようになっていた

入する。武田軍の進軍ルート上にある滝山城は、わずか2000ほどの兵力で、2万以上の武田軍と相対することとなった。

信玄の大軍勢は滝山城北側の拝島《はいじま》に陣を張りながら、武田家臣・小山田信茂《おやまだのぶしげ》率いる1000人の別働隊が小仏峠《こぼとけ》から攻撃を仕掛けた。別働隊の襲撃に混乱した北条軍は三ノ丸まで攻め落とされたが、氏照の重臣らの奮戦により撃退に成功している。北条氏の本拠・小田原城に狙いを定めていた信玄が、滝山城の落城に固執せず先を急いだことも幸いした。

この戦いで氏照は滝山城の防御力の不足を痛感。新たに八王子城（P64）を築城するきっかけとなったともいわれる。

4

滝山城 縄張図

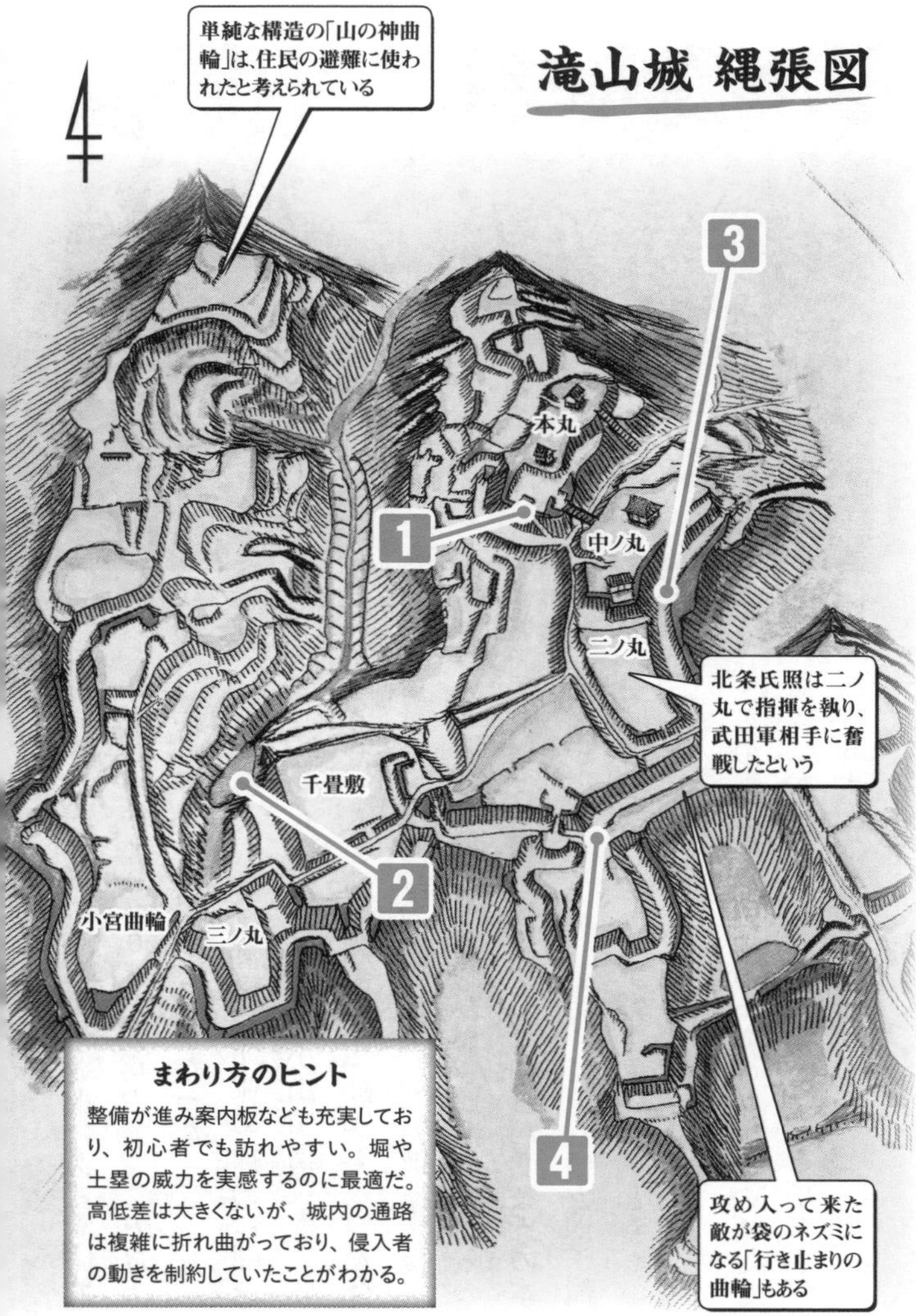
単純な構造の「山の神曲輪」は、住民の避難に使われたと考えられている
3
本丸
1
中ノ丸
二ノ丸
北条氏照は二ノ丸で指揮を執り、武田軍相手に奮戦したという
千畳敷
2
小宮曲輪
三ノ丸
4
攻め入って来た敵が袋のネズミになる「行き止まりの曲輪」もある

まわり方のヒント

整備が進み案内板なども充実しており、初心者でも訪れやすい。堀や土塁の威力を実感するのに最適だ。高低差は大きくないが、城内の通路は複雑に折れ曲がっており、侵入者の動きを制約していたことがわかる。

攻略のポイント

1 侵入者の動きを封じる桝形虎口の造形の妙

本丸南部にある桝形虎口（本丸内部からの眺め）。本丸に侵入しようとする者はＵターンを強いられる。その間、体の側面をさらしてしまう。

2 かつては水をたたえ城主も風流を楽しんだ?

籠城時に問題になるのが水の確保。弁天池は湧き水を貯めた貯水池だったと考えられている。平時には、城主の氏照が池に船を浮かべることもあったかもしれない。

3 尾根筋を分断する堀切の威圧感に息をのむ

二ノ丸・中ノ丸付近から見える堀切。尾根筋を深くえぐり取ったような形になっているのがわかる。もともと急峻《きゅうしゅん》な自然地形にさらに手を加え、最大限の威力を発揮できるようにした。

4 信玄の大軍相手にも譲らなかった守り

二ノ丸・大馬出周辺の空堀と土塁。信玄の猛攻で三ノ丸まで侵攻を許したが、氏照の守備隊は二ノ丸で踏みとどまったという。二ノ丸は城内で最も防御力が高く、三方向に馬出があった。

徳川VS武田の勢力争いの最前線

高天神城《たかてんじんじょう》

所在地　静岡県掛川市上土方嶺向　旧国名　遠江国

徳川氏と武田氏による激しい攻防戦の舞台である高天神城は、東海道における極めて重要な交通の要衝で、「高天神を制する者は遠州を制する」とまで言われていた。標高132mの鶴翁山《かくおうさん》の山麓を利用して築城されており、中小の河川が天然の堀となり、断崖絶壁の尾根も外敵の侵入を阻むという鉄壁の防御を誇った。室町時代に今川氏の勢力拡大過程で築かれたといわれ、今川氏滅亡後、徳川氏の持ち城となった。徳川氏家臣の小笠原長忠《ながただ》が城主として治めたが、1571（元亀2）年に武田信玄の軍勢に包囲される。このときは辛くも落城を免れたが、その後、徳川・武田両氏の攻防に巻き込まれていく。

1574（天正2）年に、信玄の息子・勝頼《かつより》が攻め込む。長忠は耐えきれずに降伏。高天神城は武田氏の手に渡った。ところが、1575（天正3）年の「長篠の戦い」で勝頼

別名
鶴舞城、土方城

築城年
室町時代
1574（天正2）年改修

主な城主
今川氏、小笠原長忠、武田氏、徳川氏

遺構
井戸、空堀、曲輪、土塁、堀切

二ノ丸方面に空堀や切割（堀切）が良好に残る

が織田勢に大敗し勢力を弱めると、今度は1578〜1579（天正6〜7）年にかけて、徳川家康が高天神城を攻め、奪還する。

　現在の城跡は、武田勝頼の改修による部分が多いとされる。長忠による統治時代の高天神城は西側の斜面がやや緩やかで、唯一の弱点とされていた。この弱点を突いて城を攻略した勝頼は城を大規模に拡張・改修し、東と西の二つの峰をつなげた「一城別郭」の城を築き上げた。弱点を解消したことで防衛力を高めた堅城に生まれ変わったのだ。

　徳川家康はこれを攻めるにあたり、力業ではなく、六つの砦を構築して高天神城を包囲し、兵糧攻めでじっくりと時間をかけて陥落させた。

高天神城 縄張図

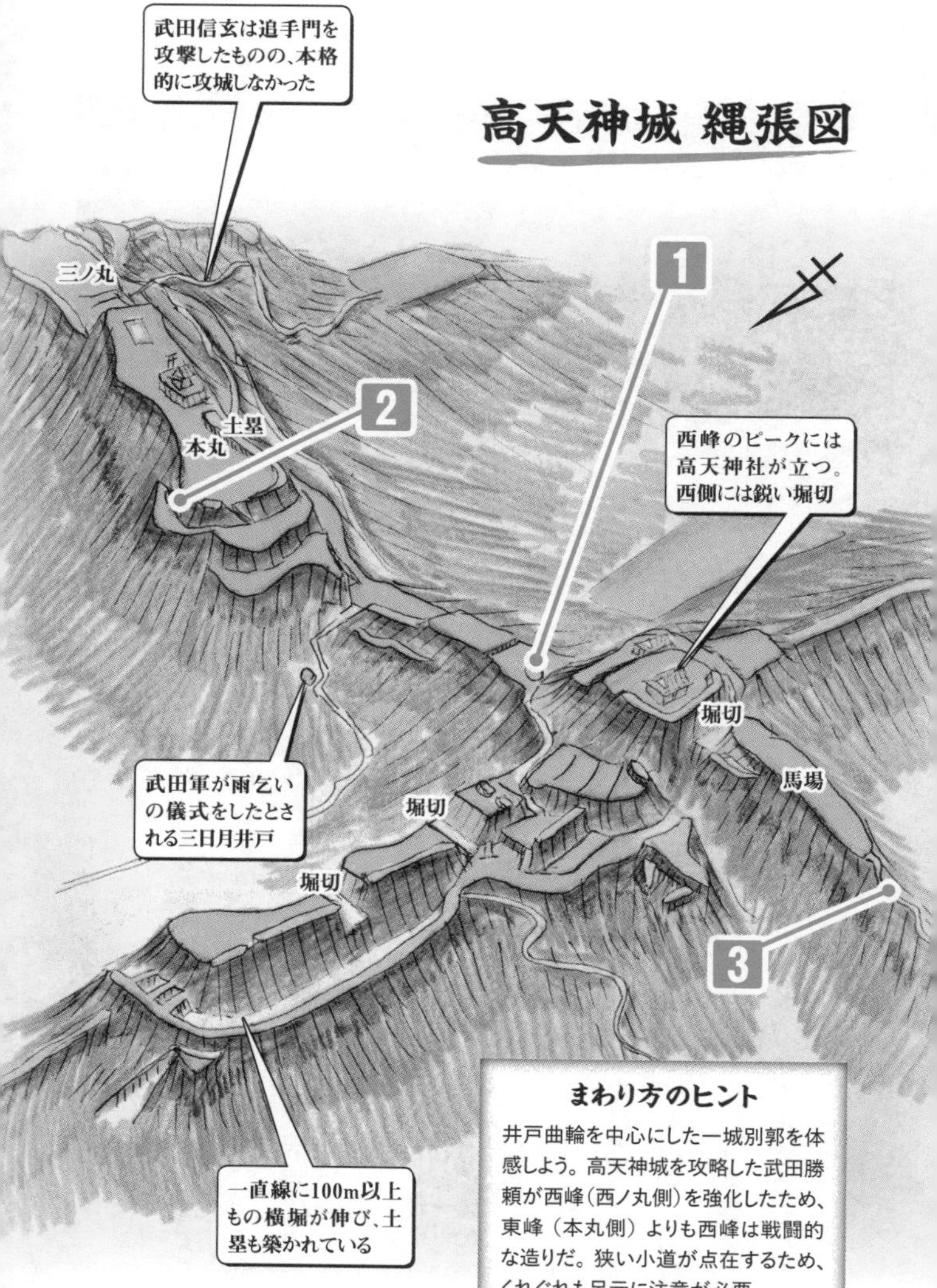
武田信玄は追手門を攻撃したものの、本格的に攻城しなかった
三ノ丸
1
2
土塁
本丸
西峰のピークには高天神社が立つ。西側には鋭い堀切
堀切
馬場
武田軍が雨乞いの儀式をしたとされる三日月井戸
堀切
堀切
3
一直線に100m以上もの横堀が伸び、土塁も築かれている

まわり方のヒント

井戸曲輪を中心にした一城別郭を体感しよう。高天神城を攻略した武田勝頼が西峰（西ノ丸側）を強化したため、東峰（本丸側）よりも西峰は戦闘的な造りだ。狭い小道が点在するため、くれぐれも足元に注意が必要。

攻略のポイント

1 東西の峰を分け水を確保した井戸曲輪

東峰と西峰が井戸曲輪でつながれたような構造をしている。かな井戸が井戸曲輪に残るほか、付近には武田軍が雨乞いの儀式をした三日月井戸もあり、飲料水の確保に苦心した状況を物語る。

2 絶壁の本丸下に忠臣が幽閉された

高天神城を巡る戦いの中で、徳川方の武将・大河内源三郎が約7年間も幽閉された石風呂（石窟）。本丸下の絶壁に造られ、険しい本丸の地形も窺い知ることができる。

3 武田軍の敗退を伝えた唯一の脱出口

難所であるために「犬戻り猿戻り」と呼ばれる。1581（天正9）年、武田軍の横田甚五郎が勝頼に落城を知らせるため、尾根続きに馬を走らせて甲府に向かったとされる。

謙信相手に奮戦も家臣の裏切りで陥落

七尾城《ななおじょう》

所在地 石川県七尾市古城町 旧国名 能登国

別名
松尾城
築城年
16世紀前半
主な城主
畠山氏、上杉氏
遺構
石垣、曲輪、土塁、堀切、枡形虎口

「七尾」の地名の由来ともなった七つの尾根筋を中心として数々の曲輪を備えた七尾城。城山となった石動山《せきどうさん》系の山麓には城下町も形成されていた。城下町は京風の能登畠山文化として発展し、華やかな様子から「千門万戸」と讃えられた。

築いたのは能登国の守護・畠山氏。七尾城は、広大さと天然の要害から、難攻不落と恐れられた名城であった。麓から眺めた七尾城は鳥が翼を広げたかの如き壮大さで、建物には朱や藍が塗り重ねられていたという。禅僧であった彭叔守仙《ほうしゅくしゅせん》は、1544（天文13）年に記した『独楽亭記』において「空や雲にはしごをかけたようだ」と記述している。

能登で一時代を築いた畠山氏だが、16世紀後半になると衰退の一途をたどる。内乱により、畠山氏の能登での権威が失墜し、家臣団による権力争いが巻き起こっていた。

調度丸跡から階段状になった桜馬場の石垣をのぞむ

混乱の最中、上杉謙信による侵攻を受ける。1576（天正4）年に能登へ侵攻した謙信は周辺の各城を次々と攻略し、七尾城に迫った。孤立状態に陥った七尾城だったが、1577（天正5）年春に、謙信が越後に一時帰還したすきに反撃に転じるなど、奮戦する。ところが、畠山氏重臣・遊佐続光《ゆさつぐみつ》の裏切りにより、七尾城は内部崩壊してしまう。続光は「七尾城の戦い」以前から親謙信派だったといわれ、謙信と内通。同年9月に城内で反乱を起こすと、上杉軍を誘導し、城を陥落させてしまった。その後、謙信は家臣・鯵坂《あじさか》長実《ながざね》に城代を任せるが、謙信の死後は織田信長に攻められ落城。能登を与えられた前田利家の城となった。

七尾城 縄張図

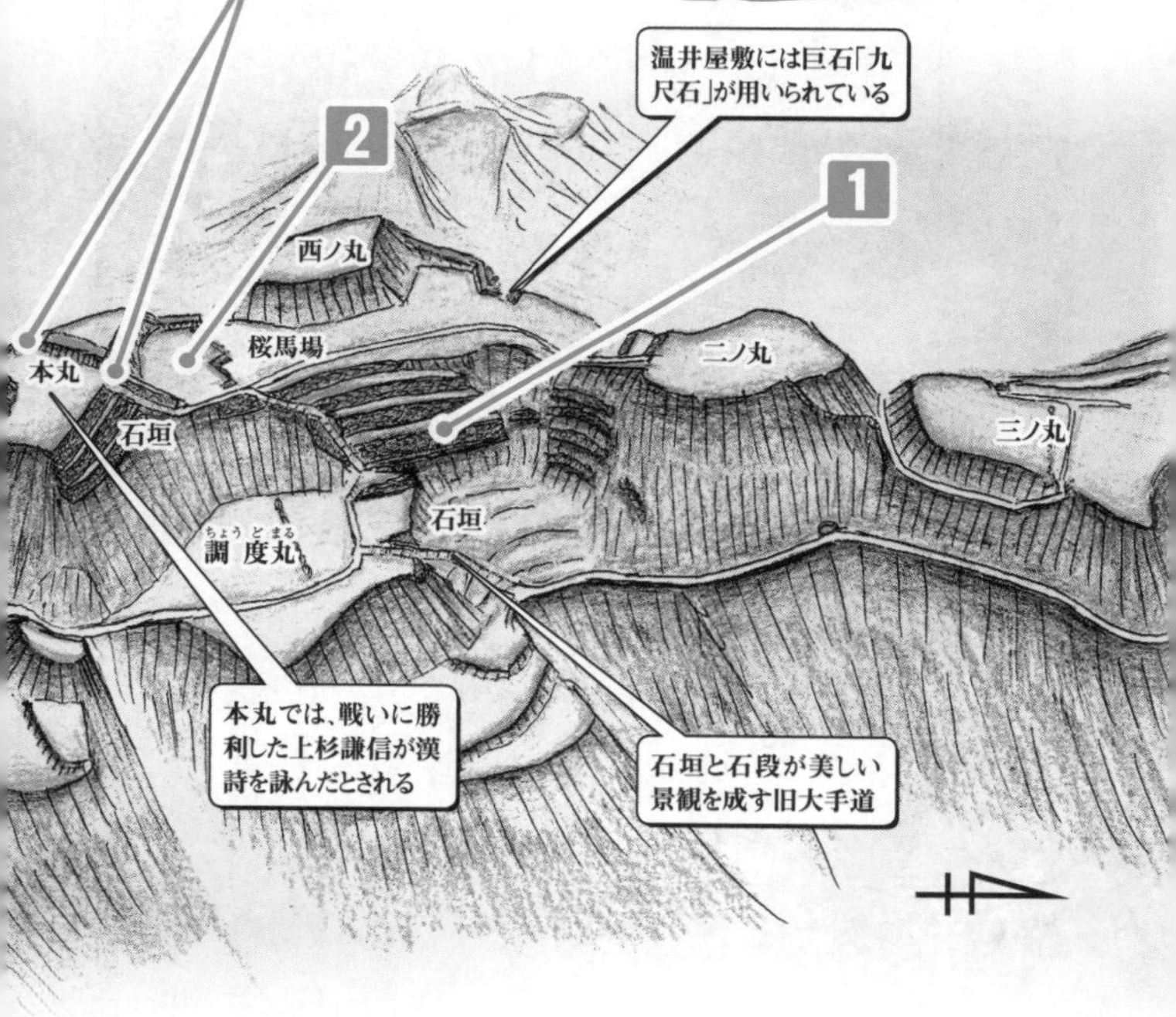
4
2
1
温井屋敷には巨石「九尺石」が用いられている
西ノ丸
桜馬場
本丸
二ノ丸
三ノ丸
石垣
石垣
調《ちょう》度《ど》丸《まる》
本丸では、戦いに勝利した上杉謙信が漢詩を詠んだとされる
石垣と石段が美しい景観を成す旧大手道

4 三段の石垣と桝形虎口で防衛した本丸

本丸北面には高さ約 4m の石垣が三段に連なる。本丸西面には外桝形虎口が設けられ、土塁の裏側に石垣を使用して堅固な造りとなっている。西ノ丸と連携した、南側に対する守りだ。

まわり方のヒント

本丸のほぼ真下にある本丸北駐車場が起点。徒歩の場合は、麓の七尾城史資料館から旧大手道を経て、調度丸付近で合流する。桜馬場跡の五段石垣や、本丸北面の三段石垣が圧巻。本丸からは能登半島や七尾湾の眺望が広がる。

攻略のポイント

1 五段の石垣が敵を迎え撃つ

軍馬の調練を行った桜馬場は、東西 45m、南北 25m あり、城内で最大規模を誇る。登城道に面した北側の石垣は野面《のづら》積みで五段に組まれ、敵に威圧感を与えた。

2 敵の進軍を阻んだナンバー 2 の屋敷跡

城主に次ぐ守護代の地位にあった遊佐《ゆさ》氏の屋敷跡と伝えられる。桜馬場との間の石垣には折れが見られ、二方向から狙えるよう横矢を掛けてある。

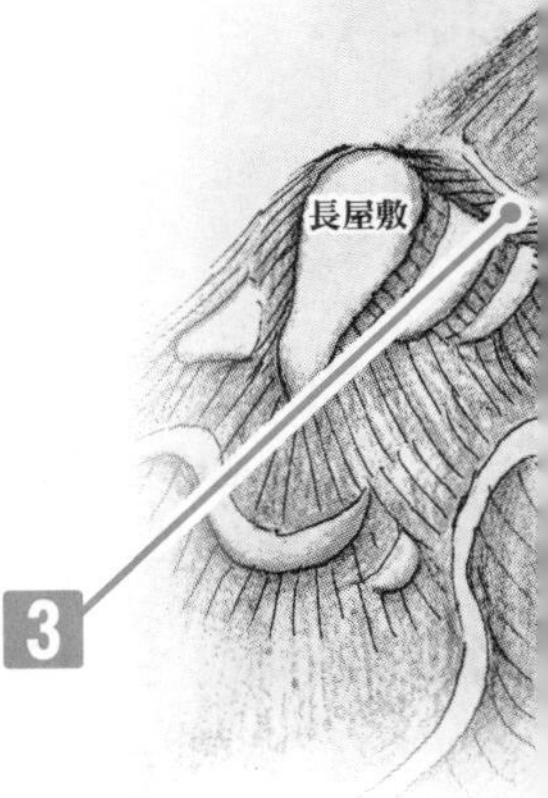

3 本丸と長屋敷を分ける巨大な堀切

深さ約 25m の大堀切によって、本丸を中心とする中枢と長屋敷を分断する。江戸時代後期の絵図によると、大堀切には橋（関東橋）が架けられていた。長屋敷は東側にも大土塁を備え、戦闘的な構造だ。

難攻不落の城内でまさかの兄弟バトル勃発

春日山城《かすがやまじょう》

所在地 新潟県上越市中屋敷・大豆

旧国名 越後国

戦に長け、「軍神」「越後の龍」と呼ばれた上杉謙信が居城としたのが春日山だ。標高180mの春日山の尾根、約1kmが城域となっている。山頂の本丸の周囲には、大小約200の曲輪が配置されていた。

城の始まりについては、今もよくわかっていない。南北朝時代にはすでに山城として、この地に築かれていたともいわれている。戦国時代になり、上杉謙信の父・長尾為景《ためかげ》が春日山城に入った。謙信の時代になってこの地を本拠地とすると、重臣たちの屋敷も山中の城域に建てられた。謙信は山城という防御に有利な地に、家臣団やその家族などを住まわせることで巨大な城域を築き、さらにそれが、春日山城を大きさにおいても強固さにおいても全国屈指の城としたのだった。

別名

—

築城年

南北朝時代

主な城主

上杉謙信、上杉景勝、堀秀治

遺構

空堀、曲輪、土塁、切岸、大井戸

二ノ丸から急峻な切岸越しに本丸を仰ぎ見る

謙信が死去すると、家督相続を巡って争いが起こった。謙信の養子であった景勝《かげかつ》と景虎《かげとら》が争い、全領土まで戦がおよんだ「御館《おたて》の乱」だ。この際、城内で二勢力が睨み合うという、戦国でも稀に見る「城内戦」となる。景勝側がいち早く本丸や井戸曲輪を制し、形勢不利とみた景虎は城外へ脱出。何度か春日山城へ攻撃を加えるが反撃され滅亡。景勝が当主の座につくことになった。

1598（慶長3）年、上杉氏が会津に移封されたのちは、豊臣秀吉に仕えていた堀秀《ひで》治《はる》が春日山城に入城。現在も残る遺構には、謙信・景勝・秀治が築いた各時代のものが混在しており、中世から近世までの築城法の移り変わりを一つの城域で見ることができる。

春日山城 縄張図

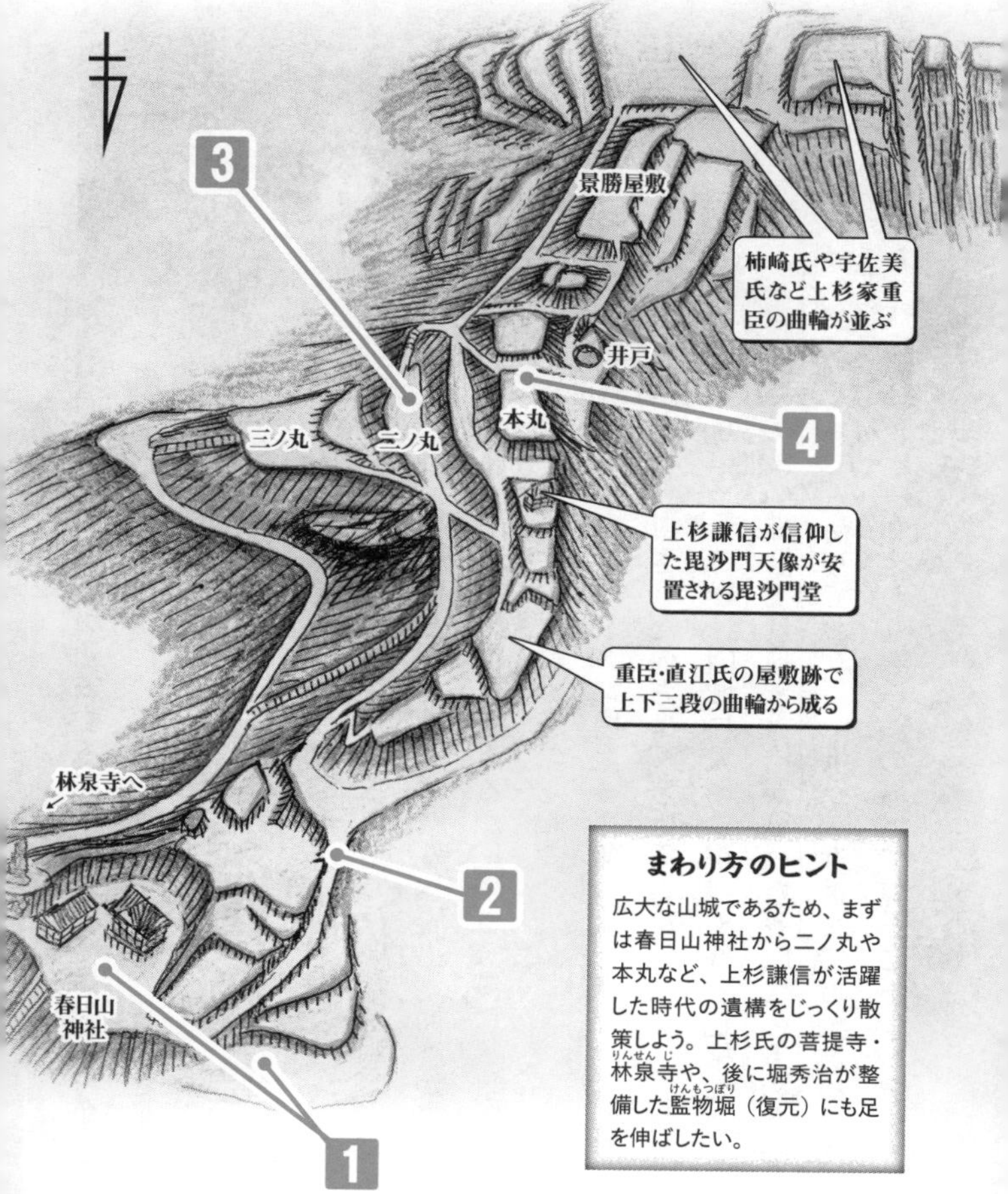

3
景勝屋敷
柿崎氏や宇佐美氏など上杉家重臣の曲輪が並ぶ
井戸
4
本丸
二ノ丸
三ノ丸
上杉謙信が信仰した毘沙門天像が安置される毘沙門堂
重臣・直江氏の屋敷跡で上下三段の曲輪から成る
林泉寺へ
2
春日山神社
1

まわり方のヒント

広大な山城であるため、まずは春日山神社から二ノ丸や本丸など、上杉謙信が活躍した時代の遺構をじっくり散策しよう。上杉氏の菩提寺・林泉寺《りんせんじ》や、後に堀秀治が整備した監物堀《けんもつぼり》（復元）にも足を伸ばしたい。

攻略のポイント

1 城主の館があった春日山神社周辺

春日山神社周辺に残る「御屋敷」は南北 60m、東西 110m もの大きな曲輪で、城主が暮らしたとされる。上下には右近屋敷や大小の曲輪が配され、根小屋を形成していた。

2 連続する堀切を有し内外を分けた千貫門

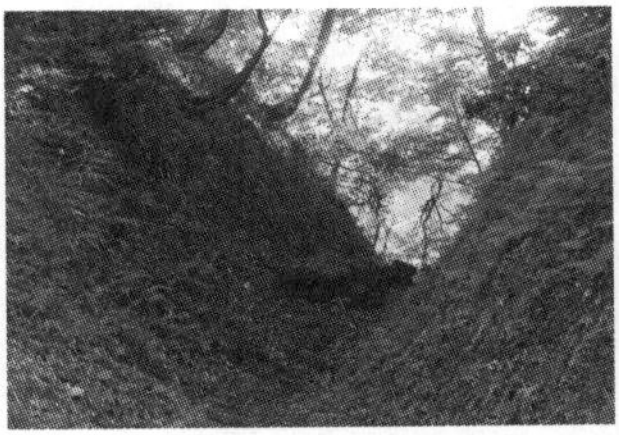

千貫門は春日山神社から本丸への進路を阻む位置に配された。内側には連続する 2 本の堀切があり、堀の形に見せながらも、敵を沢に落とすように巧妙に仕掛けられた道だと考えられている。

3 本丸を守る二ノ丸は生活空間でもあった

本丸東側の二ノ丸は鋭い切岸によって防御性が高く、本丸を帯状に囲んで警固した。古絵図には「御二階」「台所」と記されたものがあり、現在も笹井戸が残っているため、生活空間としての姿も偲ばれる。

4 日本海や上越地方を見渡せる本丸

標高 180m の本丸からは、かつての越後府中（直江津《なおえつ》）と周辺の山々の支城跡や日本海が一望できる。「天守閣跡」の石碑が立つが、実際に天守が立っていたのかは不明だ。

越後の覇者・上杉謙信の初陣の地

栃尾城《とちおじょう》

所在地 新潟県長岡市栃尾町 旧国名 越後国

別名
舞鶴城

築城年
南北朝時代

主な城主
本庄実乃、本庄秀綱

遺構
石垣、井戸、曲輪、竪堀、土塁、堀切、切岸

長岡市栃尾の西方に位置する、標高約227mの鶴城山山頂に築かれた山城。本丸からは城下である栃尾盆地が一望できる。縄張はU字型の急峻な山稜を巧みに利用した壮大なスケールで、堀切や切岸を城内のあちこちに備えた、典型的な戦国時代の山城だ。近隣にあった20以上の砦の要として位置づけられていた。

1543（天文12）年に長尾景虎（のちの上杉謙信）が弱冠14歳で入城。越後国の守護代だった兄・晴景の命を受け、城主・本庄実乃《ほんじょうさねより》とともに、近隣地域を制圧に乗り出した。当時、栃尾城周辺には土着の豪族が割拠していた。景虎の父が死去したため、国内では絶対的な支配体制が築かれていなかったのだ。

景虎の幼さを侮った豪族はたびたび、栃尾城に攻め入っている。そのうちの一戦が

山頂部を平坦に削った本丸からは眺望もよい

1544（天文13）年の「栃尾城の戦い」だ。この戦いが初陣であった景虎は守りに徹するのではなく、敵の虚を突くカウンター攻撃を仕掛け、撃退に成功。後に「軍神」と称される名将の原点がこの戦いだった。

1578（天正6）年に景虎が49歳で急死したのち、上杉家の家督を巡って同年に発生した「御館《おたて》の乱」では、本庄実乃の息子で当時の栃尾城主・本庄秀綱《ひでつな》は、上杉景虎方につく。秀綱は景虎が自害し、上杉景勝が後継者となったあとも、栃尾城を拠点として1年以上も抵抗を続けたが、1580（天正8）年、景虎を破り、当主となっていた景勝とその家臣・直江兼続《なおえかねつぐ》の軍勢に攻め込まれ、栃尾城は落城した。

栃尾城 縄張図

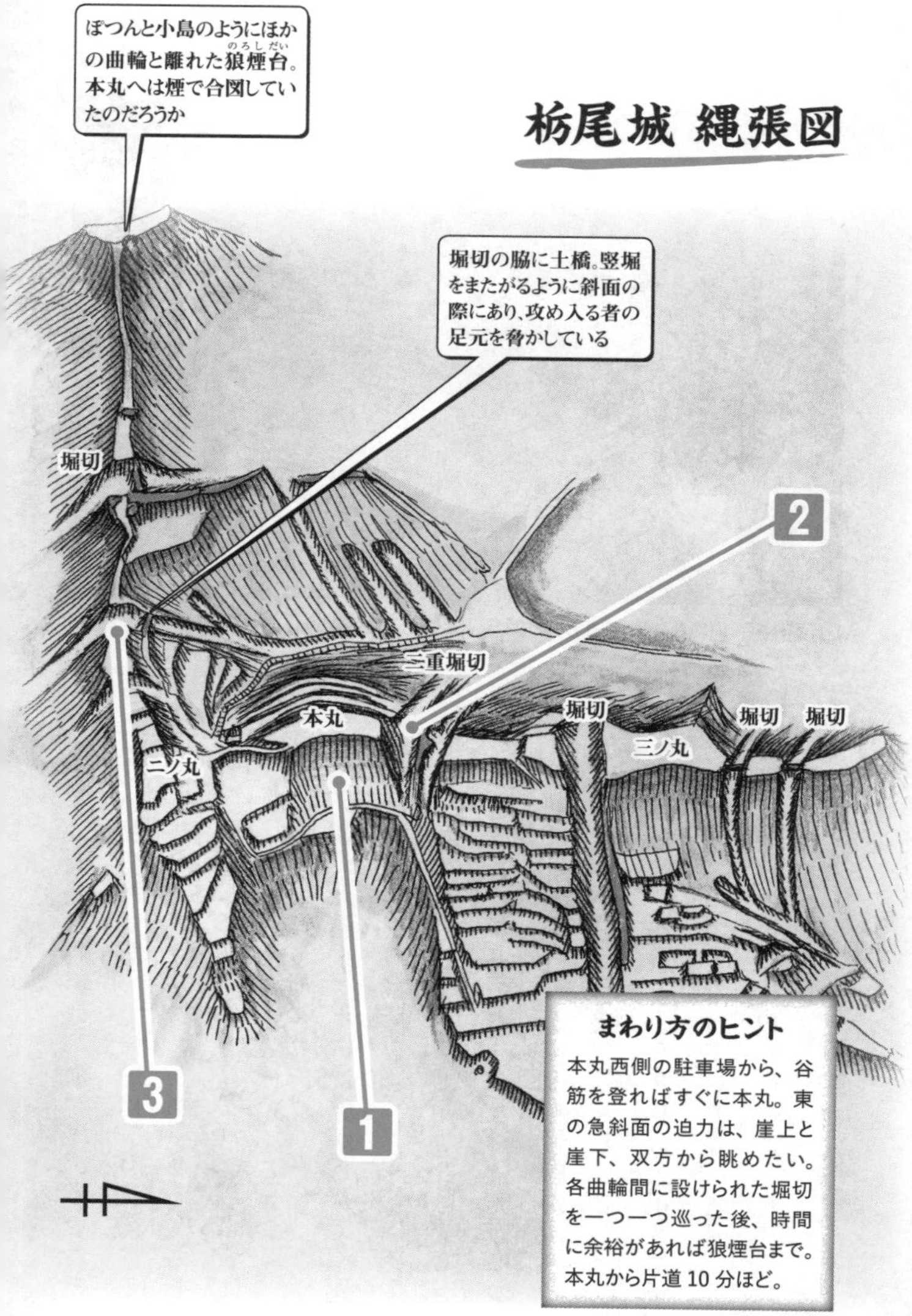
ぽつんと小島のようにほかの曲輪と離れた狼煙台《のろしだい》。本丸へは煙で合図していたのだろうか
堀切の脇に土橋。竪堀をまたがるように斜面の際にあり、攻め入る者の足元を脅かしている
堀切
二重堀切
本丸
堀切
三ノ丸
堀切
堀切
二ノ丸
2
1
3

まわり方のヒント

本丸西側の駐車場から、谷筋を登ればすぐに本丸。東の急斜面の迫力は、崖上と崖下、双方から眺めたい。各曲輪間に設けられた堀切を一つ一つ巡った後、時間に余裕があれば狼煙台まで。本丸から片道10分ほど。

攻略のポイント

1 絶対に直登は不可能 恐るべき角度の急斜面

本丸東側は、数mの比高差はもちろん、角度もとんでもない。おそらく自然地形にさらに手を加え、より強固にしているのだろう。斜面下には金銘泉という水の手あり。

2 堀切に敵を誘い込み 頭上から一気に叩く

本丸と松ノ丸を隔てるのは二重堀切。写真はその一つ。下から攻めて来る敵は堀底までは取り付きやすいが、そこを両側から徹底的に叩いてしまう、という仕掛けだ。

3 西尾根からの侵入を 竪堀を従えた堀切で阻止

琵琶丸の外側に設けられた堀切。両脇がすぐに斜面となっており、それぞれに長大な竪堀を従えている。尾根伝いに向かって来ると、まるで落とし穴のような厄介な存在だ。

天下統一目前の秀吉軍と籠城戦を展開

鉢形城《はちがたじょう》

所在地 埼玉県寄居町鉢形 旧国名 武蔵国

関東管領であった山内上杉氏の一族・長尾景春《かげはる》によって1476（文明8）年に築城されたといわれる平山城。荒川と深沢川に挟まれた断崖の上に築かれており、堅牢な天然の要害を形成していた。

城はその後、山内上杉氏に背いた景春を、同氏の流れを汲む太田道灌《おおたどうかん》が追放し、山内上杉氏の預かりとなる。そして、近隣を治める藤田康邦《やすくに》が、1558（永禄元）年に関東の覇者・北条氏康の息子である氏邦《うじくに》を娘婿として迎えると、氏邦は永禄年間（1558～1570年）に鉢形城の改修に乗り出し、関東屈指といわれる規模にまで城域を拡充した。

氏邦ははじめ、藤田康邦が築城したとされる天神山城（埼玉県長瀞町）に入城したが、上野国からの武蔵国の入口に位置する、交通の要衝として重要な鉢形城を居城としていた。

別名

――

築城年

1476（文明8）年
1558～1570年（永禄年間）改修

主な城主

長尾景春、藤田康邦、北条氏邦

遺構

石垣、馬出、空堀、曲輪、土塁、障子堀

三ノ曲輪（左）と二ノ曲輪（右）を隔てる堀

北条氏による関東一円の支配において、越後の上杉謙信や甲斐の武田信玄の関東攻めを食い止める役割も担っていた。

北条氏の関東支配を長きにわたり支えてきた鉢形城だが、豊臣秀吉による1590（天正18）年の小田原征伐の際は善戦するも、陥落することになる。

城は前田利家、上杉景勝、本多忠勝、真田昌幸らを中心とした数万におよぶ軍勢に包囲された。城主・北条氏邦は1カ月近くの籠城で抵抗を試みるが、6月14日、城兵の命を助けることを条件に、開城。鉢形城は廃城となった。前田利家の預かりとなった氏邦は能登国七尾に送られて晩年を過ごし、1597（慶長2）年に死去したと伝わる。

鉢形城 縄張図

外曲輪の一角に立つ鉢形城歴史館
3
1
外曲輪
逸見曲輪
二ノ曲輪
秩父曲輪
御殿曲輪
本曲輪
土塁
2
4
田山花袋《たやまかたい》が詠んだ漢詩を、武者小路実篤《むしゃのこうじさねあつ》の字で刻んだ石碑が立つ

まわり方のヒント

鉢形城歴史館に寄った後、二ノ曲輪と三ノ曲輪を目指そう。両曲輪の間に築かれた堀や角馬出はよく復元されており、後《ご》北条《ほうじょう》氏の築城術を体感できる。また、伝秩父曲輪に復元された四脚門や石積み土塁は当時の暮らしを物語る。

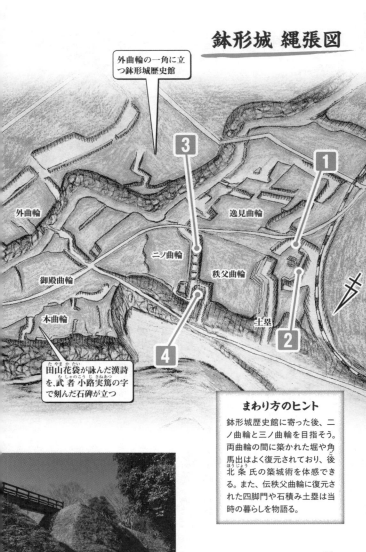

攻略のポイント

1 一段高く築かれた伝秩父曲輪

秩父孫次郎が防衛したとされる伝秩父曲輪。四脚門と想定され、「洛中《らくちゅう》洛外《らくがい》図《ず》屏《びょう》風《ぶ》」に描かれた細川管領邸の板屋根の意匠が採用されている。門の右手には土塀、左手には土塁が接していた。

2 川原石で強化した伝秩父曲輪の土塁

伝秩父曲輪の土塁表面には、川原石を階段状に積み上げ、約1mごとに控えを設けて、土塁全体を高く造り上げている。数箇所に階段を設け、有事の際には城兵が駆け上がったものと考えられ、折れも見られる。

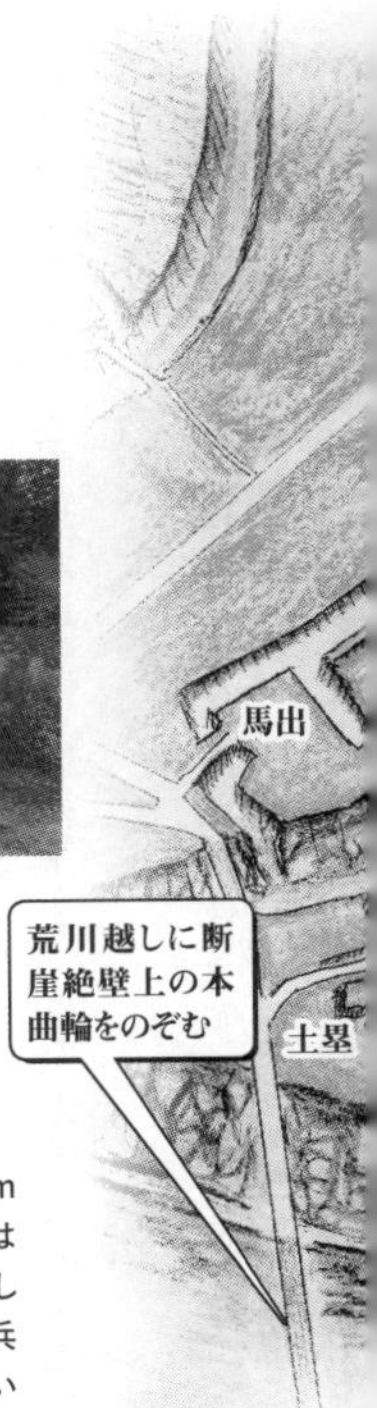
馬出
荒川越しに断崖絶壁上の本曲輪をのぞむ
土塁

3 二ノ曲輪と三ノ曲輪を隔てる障子堀

最大幅約24m、深さ約12mの大規模な堀。堀の底には畝《うね》を設け、障子堀を形成していた。障子堀には、敵兵が堀底で動き回るのを防いだという説と、堀底の水を一定に保つためとの説がある。

4 石積み土塁や堀で固めた角馬出 ▶

二ノ曲輪と三ノ曲輪の間にある馬出は、伝承では金蔵跡とされてきたが、発掘調査によって門跡や石積み土塁が確認された。後北条氏系城郭の特徴の一つ、角馬出を用いている。

智将・毛利元就が策略を駆使して攻略

月山富田城《がっさんとだじょう》

所在地 島根県安来市広瀬町富田

旧国名 出雲国

別名

月山城

築城年

1185〜1190年(文治年間)

主な城主

尼子氏、毛利氏

遺構

石垣、井戸、空堀、曲輪、土塁、堀切

戦国五大名城に数えられる巨大山城で、中国地方の覇権を争った大内氏、尼子《あまご》氏、毛利氏が激しく奪い合った。もともと、この城を本拠としていたのは出雲の名族・尼子氏。尼子氏は1542(天文11)年に大内氏と「第一次月山富田城の戦い」を繰り広げ、大内氏を破って勢力を拡大する。周防《すおう》国から遠征して来た大内氏に対し、尼子氏は籠城する。月山富田城の防御網は固く、大内軍は攻略の糸口を掴めない。攻防戦の長期化により疲弊した大内軍内からは、尼子方に寝返る武将が続出した。味方の裏切りで包囲網が崩れた大内軍は撤退を決定するが、尼子軍が追撃。大打撃を受けた大内氏の勢力は弱体化し、尼子氏が大内氏の版図を奪取していった。

1565(永禄8)年の「第二次月山富田城の戦い」は、急成長した毛利氏と、尼子氏

巨大な堀切の側面にも立派な石垣が見られる

の攻防戦。智将・毛利元就は力攻めを選ばず、尼子氏の内部かく乱を図った。月山富田城の北に位置する新宮谷を拠点とする尼子氏傘下の軍事集団・新宮党《しんぐうとう》に狙いを定め、「新宮党が毛利氏と通じている」という噂を流す。策略にはまった尼子氏は新宮党を粛清してしまい、尼子氏自ら戦力を低下させる結果となった。

城の包囲網を強めた毛利氏は、総攻撃に移る。月山富田城内に通じる三つの登城路を、元就と二人の弟たちの軍勢がそれぞれ攻めた。しかし、やはり力攻めは不可能と考えを改め、兵糧攻めに転じた。1年以上をかけ、毛利氏は月山富田城を開城させることに成功。餓死や逃亡により、開城時の尼子氏の兵数は数100人程度だったといわれる。

まわり方のヒント

城の中心である山中御殿から、七曲りを経て本丸を目指し、尼子《あまご》氏の縄張を実感したい。城内の随所に残る石垣は、堀《ほり》尾《お》吉晴《よしはる》が近世城郭に改修した際に築かれた。山麓の安来《やすぎ》市立歴史資料館に立ち寄ってからの登城がおすすめ。

月山富田城 縄張図

尼子氏が熱心に信仰したとされる勝日高守《かつひたかもり》神社
本丸
堀切
4
二ノ丸
三ノ丸
3
1
2
山中御殿
堀切
堀切
土塁
尼子氏再興に尽くした山中鹿助の像が立つ
花ノ壇には侍所と母屋が復元された

4 本丸と二ノ丸を分ける堀切

二ノ丸の周囲には石垣が積まれ、二ノ丸（手前側）と本丸の間には深さ約 10m の空堀（堀切）が石垣で造られた。

攻略のポイント

1 周囲を石垣で囲んだ堅固な山中御殿

城の中枢として御殿が建ち、平地と石垣の上下二段に分かれた構造をしていた。石垣には改修の跡が残る。大手口、菅谷口、塩谷口の三つの虎口のうち、菅谷口の石垣角地には重層櫓が立っていたとされる。

2 山中御殿から伸びる急峻な七曲り

山中御殿から七曲りを通り山頂部分へ登る。七曲りは主要部への唯一の登城道であり、山中御殿など北側の曲輪群や城下が一望できる。

3 二段の石垣で備えた三ノ丸

七曲りを登ると、二段になった三ノ丸石垣が行く手を阻む。敵を待ち構えたり、通路として利用したりするために二段にしたと考えられている。

梟雄・松永久秀の野心もろとも炎上

信貴山城《しぎさんじょう》

所在地 奈良県平群町信貴山　旧国名 大和国

信貴山山頂を中心として築かれた広大な山城で、大和国支配の拠点として機能していた。築城主は畿内の実力者の一人と認められていた木沢長政《きざわながまさ》だが、1542（天文11）年に起きた「太平寺の戦い」で三好長慶《ながよし》らに討ち取られる。この戦いでの城主の敗北に伴い、信貴山城も焼失の憂き目に遭ってしまった。

1559（永禄2）年になり、大和国に入国した松永久秀が城の再建に着手。信貴山北側の尾根に曲輪を大造成するなど、大胆に城を改修した。尾根北端に置かれた曲輪「松永屋敷」のある尾根のほか、周辺の各尾根に段曲輪が配されることとなった。

1568（永禄11）年、筒井順慶《つついじゅんけい》と三好三人衆の連合軍が押し寄せ、家臣・細川藤賢《ふじかた》が守る信貴山城は落城。久秀はもう一つの居城・多聞山城《たもんやま》にいたため、九死に一生を得た。

別名
──

築城年
1536（天文5）年
1559（永禄2）年改修

主な城主
木沢長政、松永久秀

遺構
曲輪、土塁、堀切、切岸、横堀

松永御殿のある尾根に連なる段曲輪

その後、久秀は信長の後ろ盾を得ると、信貴山城奪還に成功する。

ところが、後に久秀は信長に反旗を翻す。1577（天正5）年に久秀は、信長に抵抗していた石山本願寺を攻める陣に参加していたが突如退却し、信貴山城に籠城した。織田軍に包囲されながらも、50日間は耐え凌ぐが、ついに落城。信貴山城に援軍として入っていた鉄砲隊が織田軍と内通し、城内で反乱を起こしたことが、落城の直接の原因といわれる。戦力を削がれた松永軍は瓦解し、城内も火に包まれた。

久秀は、信長が欲した所有の茶器「平蜘蛛《ひらぐも》茶釜《ちゃがま》」とともに自爆したと伝えられているが、真相は闇の中だ。

信貴山城 縄張図

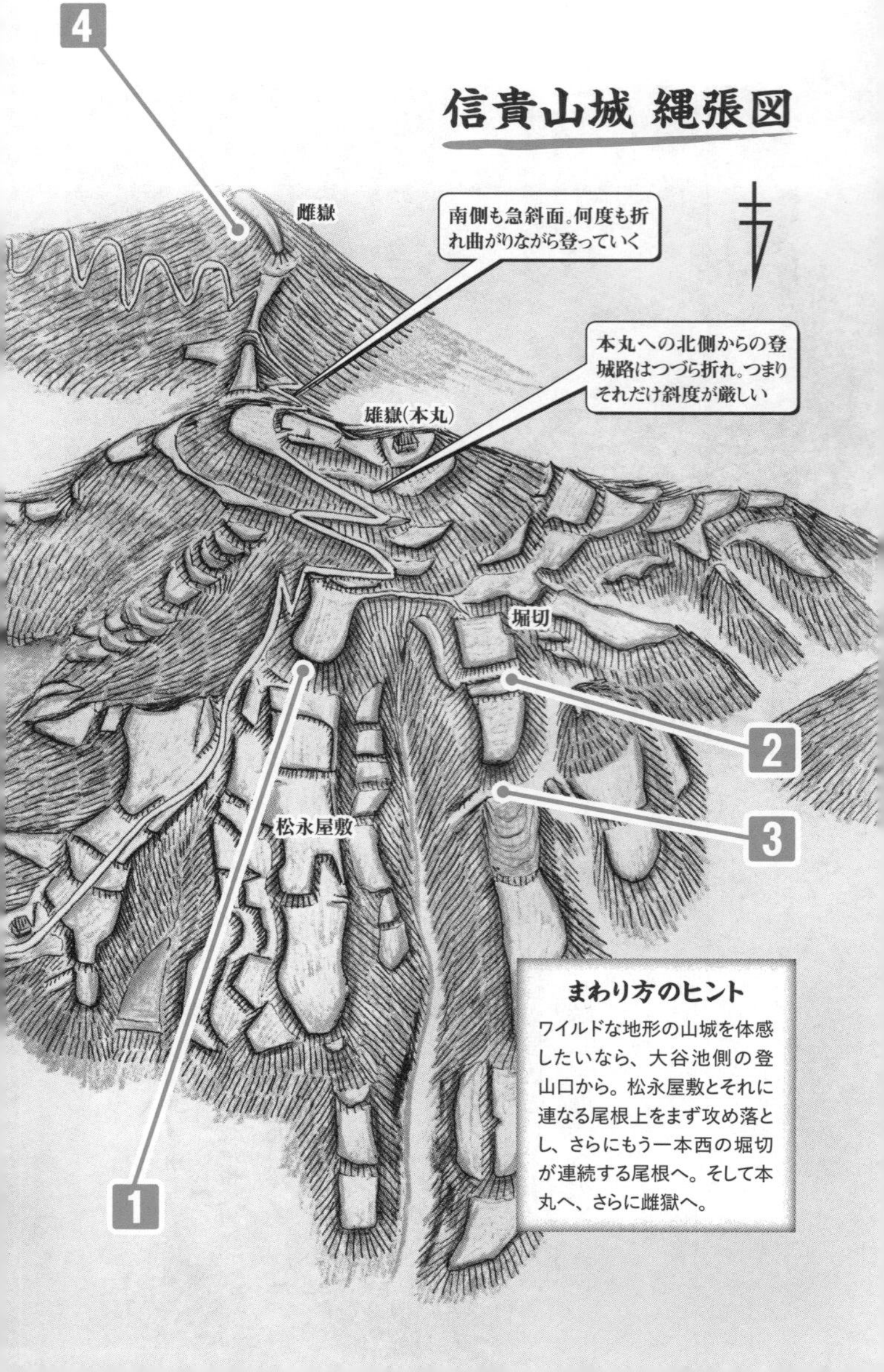
4
雌嶽
南側も急斜面。何度も折れ曲がりながら登っていく
本丸への北側からの登城路はつづら折れ。つまりそれだけ斜度が厳しい
雄嶽(本丸)
堀切
2
3
松永屋敷
1

まわり方のヒント

ワイルドな地形の山城を体感したいなら、大谷池側の登山口から。松永屋敷とそれに連なる尾根上をまず攻め落とし、さらにもう一本西の堀切が連続する尾根へ。そして本丸へ、さらに雌嶽へ。

攻略のポイント

1 驚愕の落差と横幅 登攀《とうはん》の手がかりは皆無

横幅も高低差も、信貴山城内で最大を誇る切岸。落差は4〜5mほどはある。攻撃を受けながら登るのはほぼ不可能。脇に迂回して進む以外ないが、頭上からの攻撃にさらされるのは変わらない。

2 突破できそうでできない 足元を絡めとる二重堀切

登って下りて、また登る。二重堀切に足を取られているうちに、城内からの攻撃に討ち取られてしまうのは必至。シンプルだが手強い仕掛けだ。

3 高低差を生かした堀切で 迫り来る敵を阻止

写真は堀切を城内から見たところ。城兵の視点で、「いかに敵を防ぐか」を眺めたいポイント。見通しを生かして敵を狙い撃ち。仮に足元まで迫られたとしても、頭上から叩き潰せる。

4 本丸を側面から支援する 急斜面の独立峰上の出丸

ほかの曲輪群とは少し離れ、出丸のように鎮座する雌獄。周囲はほぼ自然地形なのかもしれないが、とにかく落差が半端ない。この曲輪の脇を通り過ぎなければ、南側から本丸方面へは近づけない。

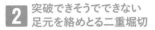

明智光秀との相次ぐ連戦でついに落城

八上城《やかみじょう》

所在地 兵庫県丹波篠山市八上上高城山

旧国名 丹波国

丹波の有力武将であった波多野《はたの》氏の居城で、織田信長家臣・明智光秀の丹波攻略の際、激しい攻防戦の舞台となった。城は山陰街道が東西に貫く街道筋に位置する。1557（弘治3）年には、三好長慶《ながよし》や松永久秀に攻め取られるが、三代元秀《もとひで》と四代秀治《ひではる》は1566（永禄9）年に奪還している。

1576（天正4）年、織田方の波多野秀治は、第一次丹波攻略として反織田勢力の制圧に動いていた明智光秀を裏切る。これに怒った織田信長は光秀に再度の丹波攻略を命じ、1578（天正6）年に、波多野氏と光秀による「八上城の戦い」に発展した。秀治は周辺の豪族や武将を味方につけて光秀に抵抗し、八上城に籠城する。当時の秀治は、黒井城（兵庫県丹波市）の赤井（荻野）直正とともに、丹波の反織田派の旗頭だった。籠城しなが

別名
—

築城年
1508（永正5）年

主な城主
波多野氏

遺構
石垣、井戸、空堀、曲輪、竪堀、土塁、堀切、土橋

二ノ丸から光秀の軍勢が埋め尽くしていたと思われる麓を見下ろす

らも周辺の城の兵を使って光秀を手こずらせた。さらに、反織田である毛利氏の支援も受けており、光秀軍の猛攻にも一歩も引かない戦いぶりを見せた。

光秀は実に10回以上も八上城を攻め立てる。連携する黒井城と八上城を分断するため金山《きんざん》城（兵庫県丹波市・丹波篠山市）を築くなど、あの手この手で波多野軍の戦力低下を図るが、陥落に至らない。苦戦を強いられた光秀は兵糧攻めを選択。包囲は1年半にもおよび、飢えに苦しんだ城内では死者が相次いだという。秀治は降伏して捕らえられ処刑。波多野氏は滅亡した。一方、光秀は八上城攻略と丹波平定を信長から称賛され、丹波一国を拝領することとなった。

八上城 縄張図

三ノ丸、二ノ丸、本丸と、各曲輪間の斜面はしっかりと切岸加工がなされている
西蔵丸は物見に最適。本丸から麓の各方面まで、ほぼ360度に近い視界が開けている
3
岡田丸
本丸
二ノ丸
茶屋の壇
2
朝路地

まわり方のヒント

北側の麓にある春日神社から道なりに登っていくと、鴻ノ巣という尾根先端の平場に。ここまでで比高 200m の 1/4 ほど。尾根伝いに進めば城の主要部へ。帰路は西蔵丸手前から下る周回コースで効率よく回れる。

攻略のポイント

1 勾配が急変した先に連続する曲輪群が待つ

東側に伸びる尾根道から本丸のある山頂をのぞむ。尾根道の勾配は緩やかだが堀切らしき跡も。進むとやがて道は一気に角度を増し、段曲輪の脇を抜けるように登っていく。常に上から狙われながら本丸へ。

2 二つの尾根上の曲輪で水の手をしっかり防衛

城内の水の手は「朝路池」という石造りの井戸。今も水を湛えている。本丸からは距離も高低差もあるため、両脇の尾根に数多くの曲輪群を設けてあるのは、籠城時の生命線である水の手を敵から防衛するためだろう。

3 空堀&土橋&竪堀で一分のスキもない守り▶

西蔵丸の手前には、空堀と土橋のセット。両サイドにはきちんと竪堀も付属している。絵に描いたようなボトルネック状で、数倍の敵と対峙しても互角にわたりあえそうだ。

名将・立花宗茂が島津軍を返り討ちに

立花山城《たちばなやまじょう》

所在地　福岡県福岡市東区立花山
旧国名　筑前国

大友貞載《さだとし》は立花山城を築くと、立花の姓を名乗った。以来、この城は九州の雄・大友氏の軍事基地として位置づけられる。大友氏が戦国時代後期に勢力を失うと、その重臣の立花道雪《どうせつ》が城を引き継ぎ、養子である立花宗茂《むねしげ》とともに領土の統治に当たった。

道雪・宗茂の時代、九州は有力武将が割拠し、さらに豊臣秀吉が九州を平定しようと軍を送り込んで来ていた。立花氏は豊臣方についたが、薩摩国の島津氏が豊臣氏に抵抗し、九州各地に侵攻しつつあった。養父・道雪が島津勢から隣国の筑後国へと出陣し、宗茂が立花山城を預かった1584（天正12）年8月、約8000の島津軍が攻め入って来た。当時、立花山城には1000人程度の兵しか残っていなかったといわれる。圧倒的な戦力差にもかかわらず宗茂は島津軍を退け、立花山城の守備力の高さを見せつけた。

別名
立花城

築城年
1334〜1338年（建武年間）

主な城主
大友貞載、立花道雪、小早川隆景

遺構
石垣、井戸、曲輪

急斜面になっている曲輪の裾部分は石垣で強化されている

ところが、翌年、道雪が病死すると、事態が急変。島津軍が再び大軍で九州北上を始める。1586（天正14）年には、立花山城とともに筑前防衛の拠点であった岩屋《いわや》城が攻略され、立花山城を狙う島津軍が押し寄せる。島津軍3万に対し、籠城する宗茂の手勢は3000程度。前回同様やはり絶望的ともいえる戦力差だった。

宗茂は籠城で時間稼ぎをしながら、秀吉傘下の毛利氏の援軍を待つ。毛利軍が豊前国の小倉城まで進んだと知った島津軍は、形勢不利を悟って撤退し始めた。好機と見た宗茂は城から出撃。島津の支配下にあった高鳥居城を攻め落とすと、岩屋城（P136）の奪還にも成功している。

立花山城 縄張図

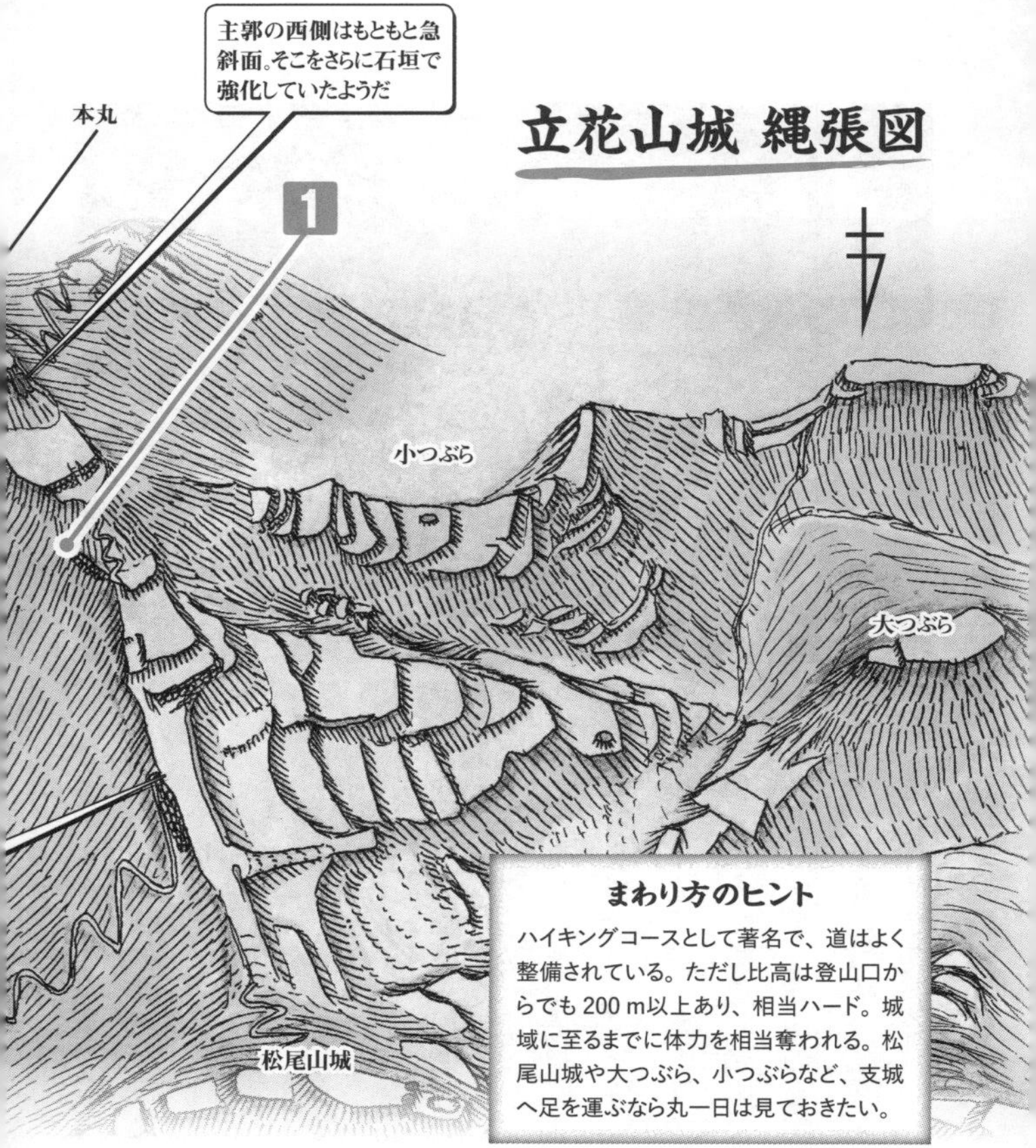

主郭の西側はもともと急斜面。そこをさらに石垣で強化していたようだ
本丸
1
小つぶら
大つぶら
松尾山城

まわり方のヒント

ハイキングコースとして著名で、道はよく整備されている。ただし比高は登山口からでも200 m以上あり、相当ハード。城域に至るまでに体力を相当奪われる。松尾山城や大つぶら、小つぶらなど、支城へ足を運ぶなら丸一日は見ておきたい。

3 籠城時の頼みの綱 今なお涸れぬ井戸

山頂への登城路から少し脇にそれたところに井戸がある。小さいが、しっかりと石が組まれており、今も湧水があふれている。かなりの標高にあるこの場所に水の手があるのは、籠城側にとってはまさに「命の水」である。

攻略のポイント

1 急勾配と頭上からの猛攻で攻め寄せる敵を一網打尽に

山上へと登っていく尾根道。遺構らしき痕跡は残っておらず、ほぼ自然地形のように見える。写真奥の水平な部分に曲輪あり。石や武器で迫り来る敵を攻撃するポイントだといえる。

2 まさに名は体を表す巨壁のような屏風岩

登城路がT字に分岐するところに、巨大な岩がそびえている。岩の上に兵を潜ませれば、格好の敵殲滅ポイントとして機能しただろう。

山頂

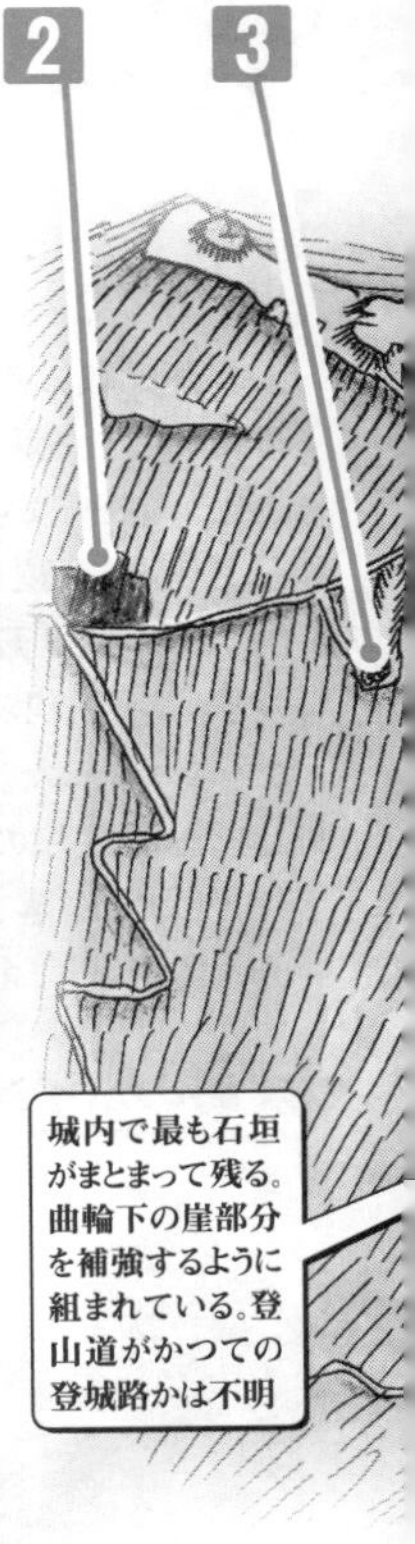
2
3
城内で最も石垣がまとまって残る。曲輪下の崖部分を補強するように組まれている。登山道がかつての登城路かは不明

まだある!

実戦舞台の城

北条氏流の「土の城」の最終形態

八王子城《はちおうじじょう》

所在地 東京都八王子市元八王子　旧国名 武蔵国

北条氏政の弟・氏照が、滝山城(P24)からの移転先として築いた山城。山頂部の主郭を中心に、尾根伝いに多数の曲輪が配置されている。1590(天正18)年、豊臣秀吉の「小田原征伐」の際に、1万5000の大軍で攻撃される。このとき、前田利家が大手側、上杉景勝が搦手側から攻め上った。城兵たちは頑強に抵抗したが、上杉勢が主郭のすぐ下の小宮曲輪を背後から奇襲して、陥落させる。これがきっかけで八王子城は落城し、北条氏は滅亡に向かう。

別名
武州八王寺城

築城年
1587(天正15)年

主な城主
北条氏照

遺構
石垣、曲輪、竪堀、堀切、虎口、居館跡

攻略のポイント

居館部分にも明確な防衛の仕掛けあり

麓の氏照居館跡。発掘調査をもとに忠実に再現。石垣や虎口など、防御のための構造物も見られる。手前の川は天然の堀。その先の壁のような急斜面が行く手を阻む。

小宮曲輪付近からの眺望

斜面の急角度を実感しつつ、眼下に広がる平野を見下ろす。関東平野の西端にある八王子城は、甲斐方面からやって来た敵を迎え撃つ要衝の地だった。

まだある！

実戦舞台の城

越前朝倉氏を退けた「難攻不落」の城

国吉城《くによしじょう》

所在地 福井県三方郡美浜町佐柿　**旧国名** 若狭国

若狭国守護大名・武田氏の重臣、粟屋勝久《あわやかつひさ》が古城跡を改修した越前国との国境に位置する境目の城だ。1563（永禄6）年に始まる、たび重なる越前朝倉氏の攻撃に耐え、「難攻不落の城」として名が知れ渡った。山麓城主居館跡から山頂までつづら折りの登城道が約500m続き、伝二ノ丸（出丸）の喰違虎口や高土塁、石垣で囲った本丸下北側堀切、戦国時代の面影を残す北西の連郭曲輪群など、随所に築かれた防御施設が良好に残る。

別名
佐柿国吉城、佐柿城

築城年
1556（弘治2）年ごろ

主な城主
粟屋勝久、木村定光

遺構
石垣、曲輪、土塁、堀切、切岸、喰違虎口

攻略のポイント

若狭湾をにらむ五段構えの連郭曲輪群

本丸下北側堀切の北西側には、五つの曲輪が高低差の大きい切岸でつながった連郭曲輪群が伸びる。若狭湾や敦賀半島がはっきりと一望でき、越前朝倉氏に対する緊張感が伝わる。

山頂の曲輪を隔てる本丸下北側堀切

岩盤を切り開いたと考えられ、本丸下帯曲輪と連郭曲輪群を分ける。幅約 4m、両岸に築かれた石垣の一部が地面から露出している。発掘調査により、堀切を渡るための橋の存在が明らかになった。

まだある!
実戦舞台の城

尾根上に個性あふれる防御遺構

天《てん》神《じん》山《やま》城《じょう》

所在地 岡山県和気町田土　旧国名 備前国

標高409.2mの天神山から西へほぼ直線的に伸びる、尾根伝いに城域は広がる。山頂付近にはもともと太鼓丸城という旧城がもともと存在しており、16世紀半ばに浦上宗景が尾根伝いに城域を拡張。旧城と拡張エリアの間に深い自然の堀切状地形があり、その部分が一番の必見ポイント。旧城エリアには「軍用石」と看板に書かれた数m幅の巨石も見られる。比高は360mとかなりのもの。眼下を流れる吉井川はじめ、眺望にも優れている。

別名
――
築城年
1532～1554(天正元～13)年ごろ
主な城主
浦上宗景
遺構
井戸、石垣、曲輪、土塁、堀切

攻略のポイント

急傾斜を巨石で強靭化
急傾斜の途中には巨石がゴロゴロ転がっている。一部は崩壊した跡と思われるが、いくつかの関門が設けられていたのは確実。

飛んで火に入る夏の虫
曲輪に呼び込み確実に仕留める
左の盛り上がりは南櫓。南の段と称される曲輪は、拡張エリアの南端。うかうかと足を踏み入れると、頭上からの攻撃で殲滅されてしまう。

第二章

城好きもうなる技巧派の城

本書で紹介する城は、実戦を強く意識したラインナップになっているが、本章は、その中でも特に、築城技術に注目すべき城を選んだ。名将たちが知恵を絞って造り上げた技術を、隅々まで堪能したい。

関東抗争の最前線に立つ土の城の傑作

杉山城《すぎやまじょう》

所在地 埼玉県嵐山町杉山　旧国名 武蔵国

杉山城が築城されたとされる戦国時代初頭、関東一帯では関東管領の地位にあった山内上杉氏と、同族である扇谷《おうぎがやつ》上杉氏が抗争を繰り広げていた。現在の嵐山町《らんざんまち》周辺は、山内上杉氏の鉢形城（P44）と、扇谷上杉氏の河越《かわごえ》城（埼玉県川越市）の中間地点であり、両氏による特に激しい戦闘が行われる地域であった。杉山城は、山内上杉氏が扇谷上杉氏を牽制するための城だったのだ。

抗争地帯に築く城ゆえに、攻防一体の造りが求められる。この城には高度な築城技術が取り入れられ、「中世城郭の教科書」「戦国城郭の最高傑作のひとつ」との評価を得ているほどだ。関東一帯と鎌倉を結ぶ鎌倉街道を見下ろす丘陵に築かれており、南西部に隣接する市野川沿いとの比高は20～50m程度。だが非常に緻密で巧妙な縄張配置となっており、限

別名
初雁城

築城年
1520（永正17）年ごろ

主な城主
杉山主水

遺構
井戸、馬出、空堀、曲輪、土塁、堀切、虎口、土橋

本郭東部から大手口方面には屈曲した土塁がはっきりと見える

られた高低差も巧みに利用している。

　丘陵の尾根には10余りの曲輪が階段状に配され、各曲輪は堀で分断されている。各曲輪の虎口には側面から矢で攻撃できる横矢が掛けられ、敵の侵入を容易には許さない。また、曲輪間をつなぐ通路は細い土橋で、敵に攻め込まれても上段の曲輪から迎撃できる造りだ。そして、城の背後は市野川が天然の要害となって守る。

　杉山城は、北～北東側にある高見城（埼玉県小川町）や越畑《おっぱた》城（埼玉県嵐山町）と連携できる立地でもあった。城単体の防御力・攻撃力に優れるだけでなく、有事の際には周辺の城との協力態勢が築けることも強みだったのだ。

杉山城 縄張図

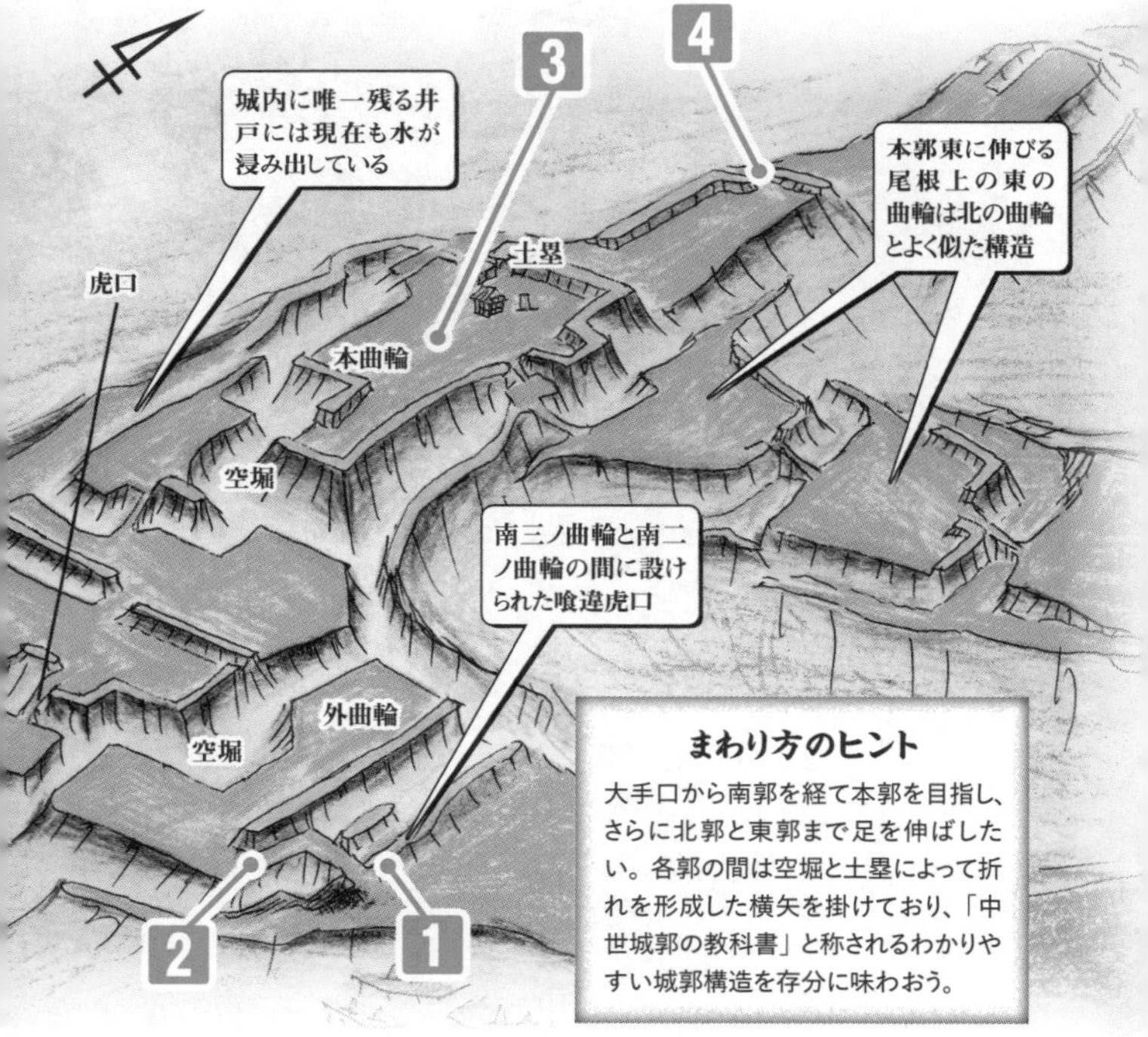
城内に唯一残る井戸には現在も水が浸み出している
3
4
土塁
本郭東に伸びる尾根上の東の曲輪は北の曲輪とよく似た構造
虎口
本曲輪
空堀
南三ノ曲輪と南二ノ曲輪の間に設けられた喰違虎口
外曲輪
空堀
2
1

まわり方のヒント

大手口から南郭を経て本郭を目指し、さらに北郭と東郭まで足を伸ばしたい。各郭の間は空堀と土塁によって折れを形成した横矢を掛けており、「中世城郭の教科書」と称されるわかりやすい城郭構造を存分に味わおう。

4 空堀で囲まれた本郭を守る北二ノ曲輪

搦手に当たる北側には、本郭の大馬出として北二ノ曲輪が配された。空堀と土塁で動線を屈曲させた桝形形式をとり、井戸跡方面からは、北二ノ曲輪に回り込まなければ本郭に到達できない。

攻略のポイント

1 最前線の出曲輪が大手への侵攻を防ぐ

大手の前に配された出郭の北側には低い土塁が築かれている。一見、無防備な広い空間に見えるが、発掘調査によって溝の存在が明らかになり、直線的には大手に侵入できないようになっている。

2 横矢と角馬出で厳重に大手口を固める

登城道は大手口から直角に左へ曲がり、強烈な横矢を掛けている。さらに奥の馬出曲輪との間は横堀によって防御を固める。城内に南向きの虎口が多いのは、北条氏を仮想敵としていたためだろうか。

3 三方向に虎口を構える本郭の真価は?

城の中心部にあたる本郭。三方向に虎口を設けた厳重な構えであるとともに、各方面の曲輪への援護射撃が可能だ。一方で、三方向の敵からの攻撃に備える必要があった。

柴田勝家が築いた賤ケ岳の戦いの本陣

玄蕃尾城《げんばおじょう》

所在地 滋賀県長浜市余呉町柳ケ瀬・福井県敦賀市刀根

旧国名 近江国・越前国

別名
内中尾城

築城年
1582(天正10)年

主な城主
柴田勝家

遺構
馬出、空堀、曲輪、土塁、虎口、土橋

福井県と滋賀県の県境にある標高460mの柳ケ瀬山《やながせやま》（中尾山）にあった山城で、織田氏の家臣・柴田勝家が「賤ケ岳《しずがたけ》の戦い」に際して、本陣として築城したと伝えられている。

賤ケ岳の戦いは、織田信長死後の権力争いで、1583（天正11）年に起きた羽柴秀吉と勝家の戦い。織田家中で存在感を強める秀吉に対し、勝家ほか、佐久間盛政《もりまさ》、前田利家といった亡き信長の重臣たちが挙兵、賤ケ岳にて合戦となった。

柴田方の本陣となった玄蕃尾城は、現在の国道365号と重なる北国街道《ほっこくかいどう》を見下ろせる位置であり、進軍ルートとなる交通の要衝を抑えていた。さらに、城の南方各所には、砦がいくつも設けられることとなった。それらと連携して決戦に備えていたのだ。

史実上の賤ケ岳の戦いでは、城南方に置かれた複数の砦での攻防や野戦が行われたのみ。

二重の土塁が行く手を阻む大手虎口

玄蕃尾城自体は戦の舞台となっていない。しかし、城の構造は、山頂部にある主郭を中心として、守りに主眼を置いた巧妙に計算された縄張となっている。土塁や空堀で囲まれた主郭部の南北には馬出が配され、特に羽柴軍と正対することになる南側馬出の防御は厳重だ。敗色濃厚となった柴田勝家は本拠の北ノ庄城《きたのしょうじょう》（福井県福井市）へと撤退し、直後に滅亡した。

城のすぐ南側には、かつて信長が朝倉義景《よしかげ》の軍を破った刀根《とね》峠がある。玄蕃尾城は、この峠からの敵兵を迎え撃つ造りとなっているともいわれるが、勝家は過去の経験を踏まえて羽柴軍の戦略を想定し、防御を固めたのかもしれない。

玄蕃尾城 縄張図

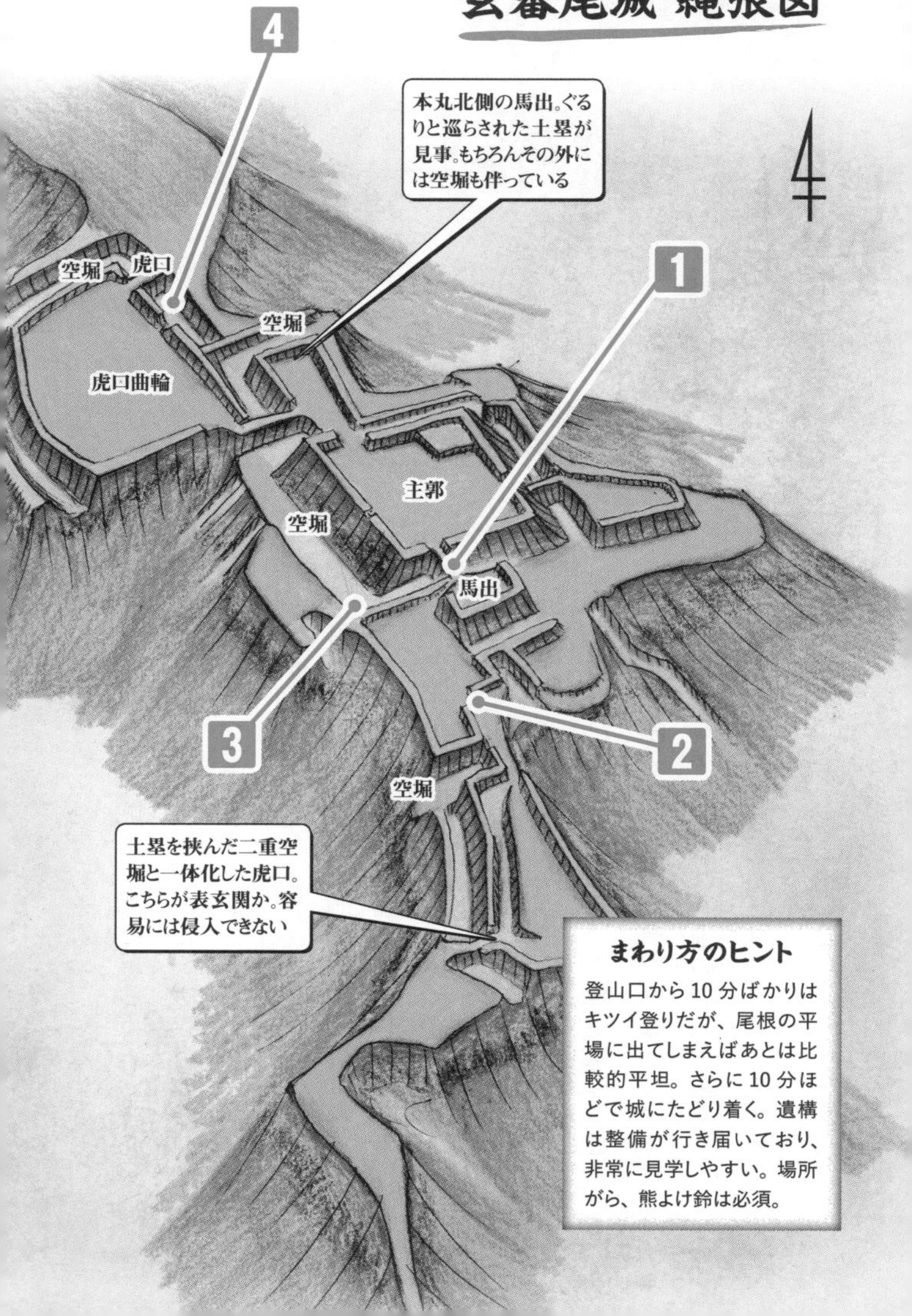

4
本丸北側の馬出。ぐるりと巡らされた土塁が見事。もちろんその外には空堀も伴っている
1
空堀
虎口
空堀
虎口曲輪
主郭
空堀
馬出
3
2
空堀
土塁を挟んだ二重空堀と一体化した虎口。こちらが表玄関か。容易には侵入できない

まわり方のヒント

登山口から10分ばかりはキツイ登りだが、尾根の平場に出てしまえばあとは比較的平坦。さらに10分ほどで城にたどり着く。遺構は整備が行き届いており、非常に見学しやすい。場所がら、熊よけ鈴は必須。

攻略のポイント

1 計算しつくされた完璧過ぎる防衛ライン

土塁、空堀、馬出、土橋、そして折れを伴う導入路。写真はそれを城内側から見たところ。見通しも良いため、写真奥から攻め込んだ敵はたちまち狙い撃ちされてしまう。

2 土塁と斜面でクランクルートを狭め敵を叩く

写真は城内側からのアングル。片側が斜面、片側を土塁に挟まれたわずかな幅の道では、攻め手も少人数の縦隊を余儀なくされてしまう。そこを土塁の手前に隠れながら攻撃し、一網打尽に。

3 ハマってしまえば最後抜け出せない巨大空堀

城内で最大の深さを誇る空堀。しかもL字の折れを伴っている。城外から急斜面をなんとか登って来ても、この空堀で完全に足止め。もはや前進も後退もままならず死を待つのみ、だ。

4 土塁&空堀にスキなし完璧過ぎる見事な遺構

玄蕃尾城は「裏口」の守りも抜かりない。曲輪の周囲を土塁と空堀で完全に囲ってあり､一カ所だけ平虎口が設けられている。スキのない造りで、玄蕃尾城で最も築城者の防衛意識を感じられるポイント。

有力大名が重視した駿府の西の要

丸子城《まりこじょう》

所在地 静岡県静岡市駿河区丸子　旧国名 駿河国

鎌倉幕府によって整備された、鎌倉と京都を結ぶ東海道。その東海道を抑え、宇津ノ谷《うつのや》峠を越えて来る敵を阻み、駿河国の西の入口の守りとなっていたのが丸子城だ。駿河国守護・今川氏の家臣である斎藤安元が築城したといわれている。その後は、今川氏へ接収された。

丸子城は標高約140mの通称・三角山《みかど》を中心に、尾根沿いに複数の曲輪が階段状に築かれている。その長さ、南北に約500m。南には丸子川が流れ、東西には大きな谷がある、防衛に有利な地形となっている。

1568（永禄11）年、甲斐国の武田信玄が駿河国に侵攻すると、家臣の山県昌景《やまがたまさかげ》に丸子城に陣を構えさせ、西駿河に残る今川氏への防御にあたらせた。さらに、信玄は丸子城

別名
宇津ノ谷城、三角山城

築城年
1394〜1428年（応永年間）

主な城主
斎藤安元、武田氏、徳川氏

遺構
馬出、空堀、曲輪、竪堀、土塁、堀切、桝形虎口、三日月堀

削り、盛る。土木技術を駆使した三日月堀は必見ポイントの一つ

の改修に着手。南側の曲輪を今川が築いた北の曲輪と連結させ、弧を描く三日月堀や馬出を配置した、武田氏の城の特徴がよく表れた形とした。その後は、家臣の諸賀兵《ひょう》部《ぶ》大輔《たいふ》、関甚五兵衛、屋代勝永に城番を任せた。

武田氏が滅びてからは、徳川家康が駿河国に入り、松平備後守を丸子城へ置いた。家康も丸子城の改修を行っており、武田流の城構えをさらに強固なものとしている。やはり、家康も丸子城を防衛拠点として重視していたのだ。

しかし、その後の記録に丸子城が登場することはなく、１５９０（天正18）年に家康が関東へ移封すると、丸子城は役目を終えて廃城となってしまった。

丸子城 縄張図

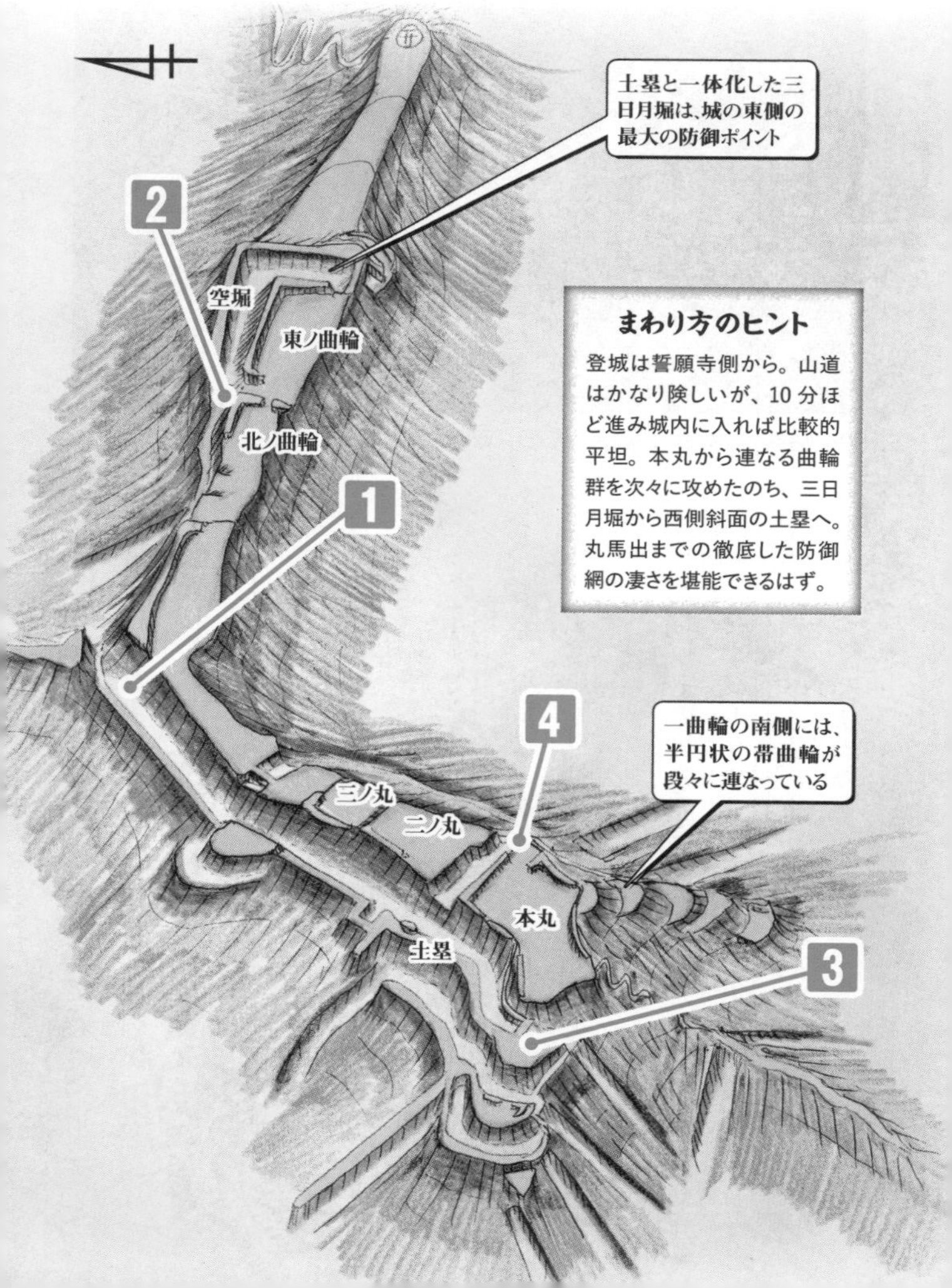

土塁と一体化した三日月堀は、城の東側の最大の防御ポイント
2
空堀
東ノ曲輪
北ノ曲輪
1
三ノ丸
二ノ丸
4
一曲輪の南側には、半円状の帯曲輪が段々に連なっている
本丸
土塁
3

まわり方のヒント

登城は誓願寺側から。山道はかなり険しいが、10分ほど進み城内に入れば比較的平坦。本丸から連なる曲輪群を次々に攻めたのち、三日月堀から西側斜面の土塁へ。丸馬出までの徹底した防御網の凄さを堪能できるはず。

攻略のポイント

1 わずかなスキすらない 土塁と空堀の完全防備

丸子城は、くの字になった一つの尾根に一列に並ぶような構造だが、その北側斜面のほぼ半分に空堀と土塁が延々と、スキなく伸びている。斜面を登り切った果てにこれが待ち受けているのだ。

2 第一関門を突破しても 高土塁が行く手を阻む

北ノ曲輪の先端には土塁が数カ所残っている。特に見応えがあるのは、東ノ曲輪との境目に設けられたもの。曲輪の角部分がＬ字に徐々に盛り上がっている。高さは最大で１m近くあるだろう。

3 出城的存在の丸馬出が 四方八方の敵を蹴散らす

保存状態が良好な丸馬出。本丸とは土橋でつながれており、兵の補充はいつでも行える。周囲をぐるりと空堀で囲まれており、周囲に落差あり。登って来る敵兵を攻撃するのに最適だ。

4 本丸を守るための 最終防衛ラインは虎口&堀切

本丸の北東側入口には虎口。その外側の二ノ丸との間には堀切。簡単に進撃できないように、深さだけでなく、幅もかなりある。

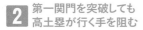

無数の城で日向を支配した伊東氏の拠点

都於郡城《とのこおりじょう》

所在地 宮崎県西都市鹿野田　旧国名 日向国

240年以上にわたり、日向国で一大勢力を誇った伊東氏累代の居城で、遠くからのぞむと舟が浮いているように見えたことから「浮舟城」の別名も持っていた。

土塁や空堀を多用した典型的な中世山城だが、広大な台地上に築かれた群郭式山城としての特性も持っている。本丸、二ノ丸、三ノ丸、西ノ城、奥ノ城の五つの曲輪が、深い空堀によって独立する五城郭の造りになっている。さらに、10数カ所の腰曲輪も備わり、南北260m、東西400mという大規模な縄張を誇った。

また、三財《さんざい》川東岸に位置しているため急崖を天然の要害として取り入れ、本丸周辺には土塁を巡らせるなど、単体としての守備力も高かったのだが、本城外縁に複数の出城を設け、守りを強固にしていた。出城はいずれも台地の先端に位置しており、周囲への主要な

別名
浮舟城

築城年
1335(建武2)年

主な城主
伊東氏

遺構
空堀、曲輪、土塁、堀切

二ノ丸の曲輪下から本丸をのぞむ

連絡道を抑えていた。加えて、都於郡城の南部および東部を守備する砦としての役目も果たしていたのである。

また、伊東氏は佐土原《さどわら》城や宮崎城など、日向国一円に実に48の城を築いた。「伊東四十八城」と呼ばれたこれらの各拠点をもって、日向の勢力を盤石にしていた。

1577（天正5）年に、九州随一の勢力を誇る薩摩国の島津氏が日向を侵略し、以後伊東氏は衰退の道をたどる。都於郡城も奪われ、島津氏16代当主・義久《よしひさ》が入城し、秀吉の九州攻めに備えた前線基地となった。しかし、島津氏が秀吉軍に完敗し、秀吉の九州平定が成ると、都於郡城も事実上廃城の憂き目に遭うのだった。

都於郡城 縄張図

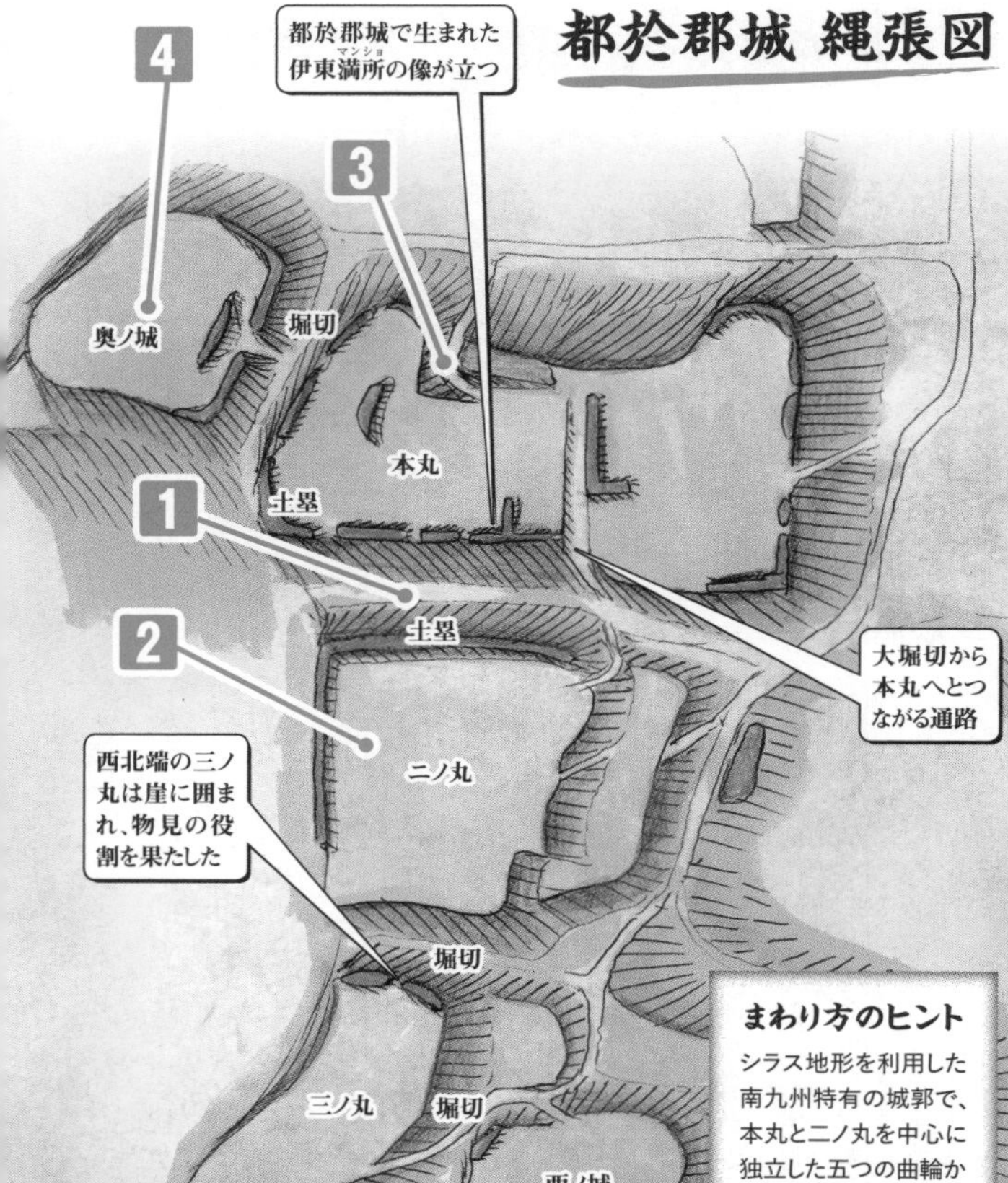
都於郡城で生まれた
伊東満所《マンショ》の像が立つ
4
3
1
2
奥ノ城
堀切
本丸
土塁
土塁
二ノ丸
大堀切から
本丸へとつ
ながる通路
西北端の三ノ
丸は崖に囲ま
れ、物見の役
割を果たした
堀切
三ノ丸
堀切
西ノ城

まわり方のヒント

シラス地形を利用した南九州特有の城郭で、本丸と二ノ丸を中心に独立した五つの曲輪から成る。各曲輪を区切る堀切は高さ10m近くある箇所もあり、視界が狭く、迷路のような登城道を実戦さながらに散策できる。

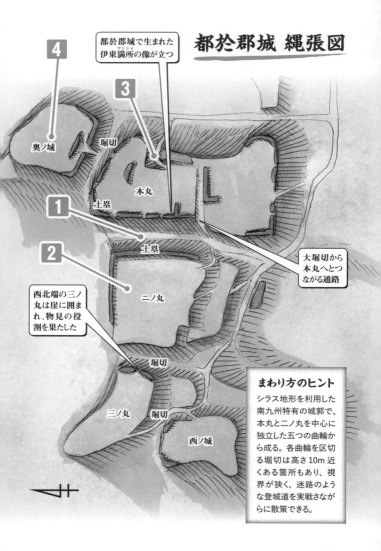

攻略のポイント

1 本丸と二ノ丸を分ける迫力満点の堀切

本丸（右）と二ノ丸（左）の間には、深さ約 10m、幅約 20m の大堀切が伸びる。南九州特有のシラスを利用した城郭内には、巨大な堀切が点在するなど、防御性の高さがうかがえる。

2 軍事拠点と考えられる土塁で備えた二ノ丸

主体部の曲輪の中で、二ノ丸が最も古く築かれた。伊東氏時代には二ノ丸全体に土塁が張り巡らされ、軍事上の拠点となった可能性が高い。高いところで約2m の土塁がほぼ原形をとどめて残っている。

3 機能に疑問が残る東に配置した本丸

石段が設けられた本丸東虎口は、近世城郭のような桝形虎口になっている。ただし、本丸が配された東側は台地基部にあたるため、要害性が低く、敵の攻撃を受けやすいと考えられる。

歴代城主の手で豊後随一の堅城に成長

角牟礼城《つのむれじょう》

所在地 大分県玖珠町森　旧国名 豊後国

別名
角埋城

築城年
1278〜1288年(弘安年間)
1593〜1615年
(文禄・慶長年間)改修

主な城主
森氏、毛利高政、黒田氏

遺構
石垣、井戸、空堀、曲輪、竪堀、土塁、桝形虎口

築城年代、築城者とも定かでないが、戦国時代は、豊後国と豊前国をつなぐ交通の要衝であったことから、城主の森氏をはじめとした玖珠《くす》群衆と呼ばれる国人たちにより堅固に改修されたといわれる。城がある標高576mの角埋山《つのむれやま》は切り立った岩山で、縄張には自然地形が取り入れられていた。森氏は豊後国の大友氏に従っていたため、角牟礼城は敵対勢力の豊前国からの侵略を防ぐ意味でも重要な位置づけにあった。

1587(天正15)年には、北上して来た薩摩国の島津軍にも攻められたが、玖珠群衆は角牟礼城に籠城して奮戦し、落城を免れた。

この堅牢な中世城郭が、さらに鉄壁の近世城郭へと発展したのは、1594(文禄3)年に毛利高政《たかまさ》が城主の時代。秀吉に仕えていた高政は大友氏の改易に伴い、豊後に入国し

水の手曲輪東側には、高さ約3mの石垣が伸びる

玖珠統治の拠点として角牟礼城を整備した。高政の改修でまず目立つのが、穴太《あのう》積み（自然石を組む工法）による石垣だ。もともと土塁が巡らされていた本丸周辺のほか、二ノ丸や三ノ丸などにも石垣を配置した。こうして、森氏時代に築かれた土塁や竪堀に加えて、毛利氏時代の石垣が築かれることで、角牟礼城は二つの時代の築城技術が入り混じったハイブリッドの山城へと変貌を遂げたのだ。

豊後屈指の城郭であった角牟礼城だが、１６００（慶長５）年の「関ケ原の戦い」後、毛利高政が豊後南部の佐伯に転封となると、黒田氏が入城。そののち、黒田氏に代わって入国した来島長親《くるしまながちか》は新たに久留島《くるしま》陣屋を築いたため、角牟礼城は廃城となっている。

角牟礼城 縄張図

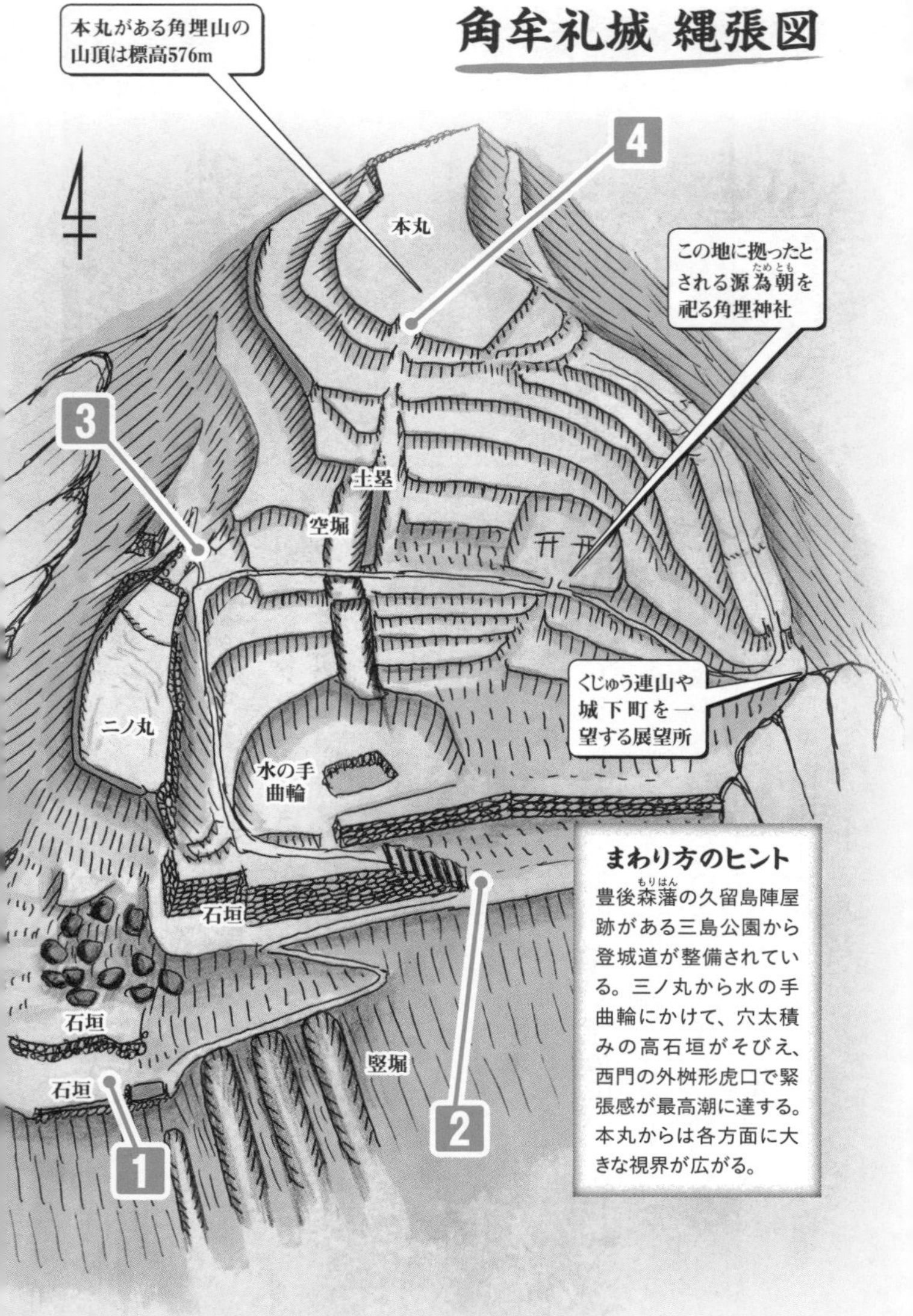
本丸がある角埋山の
山頂は標高576m
本丸
4
この地に拠ったと
される源為朝《ためとも》を
祀る角埋神社
3
土塁
空堀
くじゅう連山や
城下町を一
望する展望所
ニノ丸
水の手
曲輪
石垣
石垣
石垣
竪堀
2
1

まわり方のヒント

豊後森藩《もりはん》の久留島陣屋跡がある三島公園から登城道が整備されている。三ノ丸から水の手曲輪にかけて、穴太積みの高石垣がそびえ、西門の外桝形虎口で緊張感が最高潮に達する。本丸からは各方面に大きな視界が広がる。

攻略のポイント

1 巨石が目立つ三ノ丸は最前線かつ最大の曲輪

岩塊を取り込んだ石垣で囲まれ、南・西斜面には敵の横移動を防ぐ竪堀が数本伸び、軍事的役割が重視されていたと考えられる。

2 鋭角に迎え撃つ変則的な桝形虎口

高さ約 7.5m、長さ約 100m あり、城内最大の穴太積み石垣が残る。西側は折れを伴い、東側は自然の岩壁に取りつくように造られている。

3 攻撃的な外桝形虎口を備えた西門

以前は大手門と考えられていたが、城全体の縄張からすると不自然であった。近年の調査により、西門と改められ、もとの搦手門の位置に大手門があったとされる。

4 豊後と豊前の境目を実感する本丸

幅約 4m の石段の虎口、北側の石垣には隅《すみ》櫓《やぐら》を設け、豊前方面に対する抑えだった。ただし、本丸周辺は切岸があまり高くなく、緊張感があまり伝わってこない。要害の地であり、本丸はさほど重要ではなかったのだろうか。

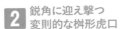

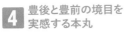

瀬戸内の港町を見晴らす重要拠点

引田城《ひけたじょう》

所在地 香川県東かがわ市引田

旧国名 讃岐国

讃岐国で最初に築かれた総石垣の城と伝わる。瀬戸内海をのぞむ引田港に隣接した標高82mの城山山頂に築かれており、自然地形に沿ったU字型の城域が港を囲んでいた。讃岐国での瀬戸内海海運を制する上で重要な城だった。

築城主は、信濃国から入国した四宮氏と伝えられ、引田城を拠点として、阿波国の三好氏と勢力を争った。1570（元亀元）年に四宮氏を破った三好氏が引田城を手中に収め、三好家臣の矢野駿河守が城主となる。この駿河守が1577（天正5）年に阿波国に引き上げると、1583（天正11）年に四国平定を目指す秀吉に送り込まれた仙石秀久が入城。同年、四国の雄・長宗我部《ちょうそかべ》軍と仙石軍による「引田合戦」が引田城付近で行われた。

2万ともいわれる長宗我部軍に攻められた秀久は、引田城から撤退を余儀なくされる。同

別名

——

築城年

1504〜1521年（永正年間）
1587（天正15）年ごろ改修

主な城主

四宮氏、三好氏、生駒氏

遺構

石垣、井戸、空堀、曲輪

折れを伴い横矢が掛かるようにしてある北二ノ丸石垣

時期に柴田勝家ら織田旧臣とも争っていた秀吉が、四国に十分な援軍を送れなかったことが響いた。秀久はその後、淡路島や小豆島で瀬戸内の制海権堅守に努めることとなる。

引田城は、のちに四国を手に入れた秀吉の命を受けた生駒親正《いこまちかまさ》が城主となる。現在も残る石垣は、生駒氏の指示により構築された自然石を積み上げた野面積みによる石垣だ。この石垣技術は、織田信長の安土城築城が始まりとされており、信長・秀吉勢によって築かれた織豊《しょくほう》系城郭の特徴とされる。

中世の土造りによる曲輪群と、織豊時代の曲輪が混在する城郭だったが、1615（元和元）年、江戸幕府の一国一城令により廃城となったと考えられている。

引田城 縄張図

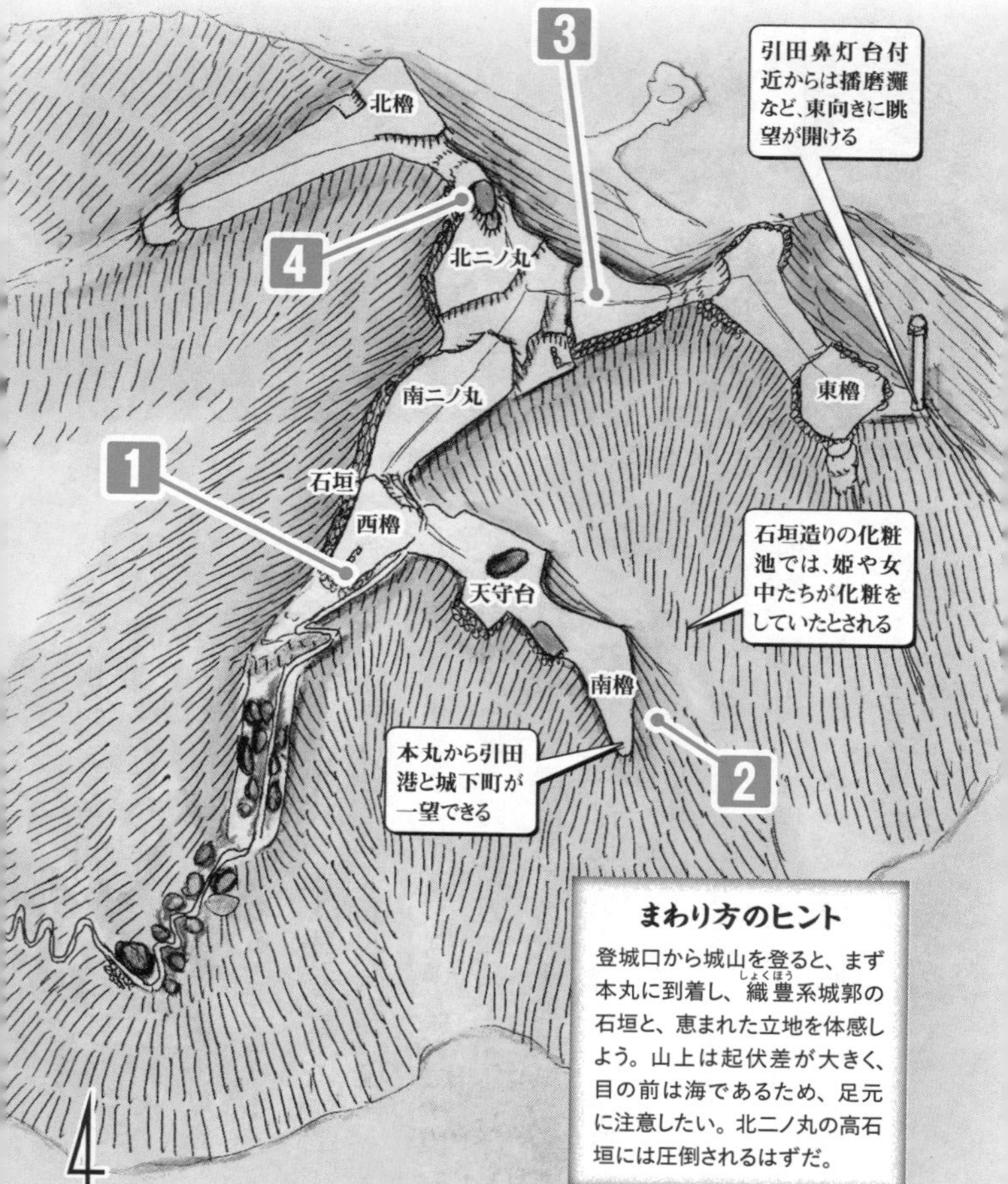
3
引田鼻灯台付近からは播磨灘など、東向きに眺望が開ける
北櫓
4
北二ノ丸
東櫓
南二ノ丸
1
石垣
西櫓
石垣造りの化粧池では、姫や女中たちが化粧をしていたとされる
天守台
南櫓
本丸から引田港と城下町が一望できる
2

まわり方のヒント

登城口から城山を登ると、まず本丸に到着し、織豊《しょくほう》系城郭の石垣と、恵まれた立地を体感しよう。山上は起伏差が大きく、目の前は海であるため、足元に注意したい。北二ノ丸の高石垣には圧倒されるはずだ。

攻略のポイント

1 本丸の西側に残る古式の算木積み

出土した建物の礎石や瓦から織豊系城郭の一つに数えられる。本丸西側に残る野面積みの石垣の隅部には算木積みが見られ、生駒《いこま》親正《ちかまさ》時代に築かれた。

2 進軍を躊躇させる山上の急勾配

本丸から化粧池に向かう登城道は一気に下り、海に飛び出しそうなくらいだ。標高82mの城山は決して大きくないが、尾根は幅が狭く起伏に富んでおり、敵の進軍を阻む役割を果たしたと考えられる。

3 軍事施設を構え連結された東ノ丸

東ノ丸は上・中・下の三段の曲輪から構成され、塁線の石垣がひと続きとなるように連結されている。火薬を保管した煙硝蔵など、軍事施設があったと推定されている。

4 御殿を守った北二ノ丸の高石垣

北二ノ丸では上段2～3m、下段5～6mの野面積みの高石垣が威容を誇る。上段には城内最大級の石材を用いている。高石垣で囲まれた北二ノ丸と南二ノ丸には御殿があったとされる。

里見氏と北条氏が何度も激突

久留里城《くるりじょう》

所在地 千葉県君津市久留里　旧国名 上総国

別名「雨城」とも呼ばれるのは、「城の完成後、3日に1度、21回雨が降った」ということから。「この山にはよく霧がかかり、遠くから見ると雨が降っているように見え、城の姿が隠し覆われ敵の攻撃を受けにくかった」とも伝わる。房総半島を代表する中世城郭だ。

久留里城は康正年間（1455〜1457年）に真里谷《まりや》武田氏によって築かれたとされているが、正確な築城年はわかっていない。その後、16世紀半ば、久留里城のある上総国は、南の安房国《あわのくに》から里見氏の侵攻を受ける。里見義堯《さとみよしたか》（里見成義《しげよし》によるという説もあり）がこの城を奪い、本格的な築城を行って、北への進出の前線基地とした。ちなみに、真里谷武田氏のころの城は、現在の久留里城よりも北側の峰に築かれており、古久留里城と呼ばれている。

別名
雨城

築城年
不明

主な城主
真里谷武田氏、里見氏、大須賀忠政

遺構
井戸、曲輪、堀切、切岸、天守台

久留里城は何度か小田原北条氏による攻撃を受けており、1564（永禄7）年に北条氏康によって攻め落とされてしまっている。しかし、間もなく里見氏は久留里城を奪還、再び本拠地とした。

1590（天正18）年の豊臣秀吉による小田原征伐の際に、里見氏は所領のうち上総・下総の領地を没収されてしまう。上総は徳川氏の支配地となり、久留里城には家臣の大須賀忠政《ただまさ》が3万石で入部した。

主尾根に残る小さいが鋭い堀切

その後は、土屋氏、黒田氏などの居城となり、近世城郭としても整備・使用。1871（明治4）年の廃藩置県まで存続し、同年に廃城の伺いが出された。現在では本丸に模擬天守が立っている。

久留里城 縄張図

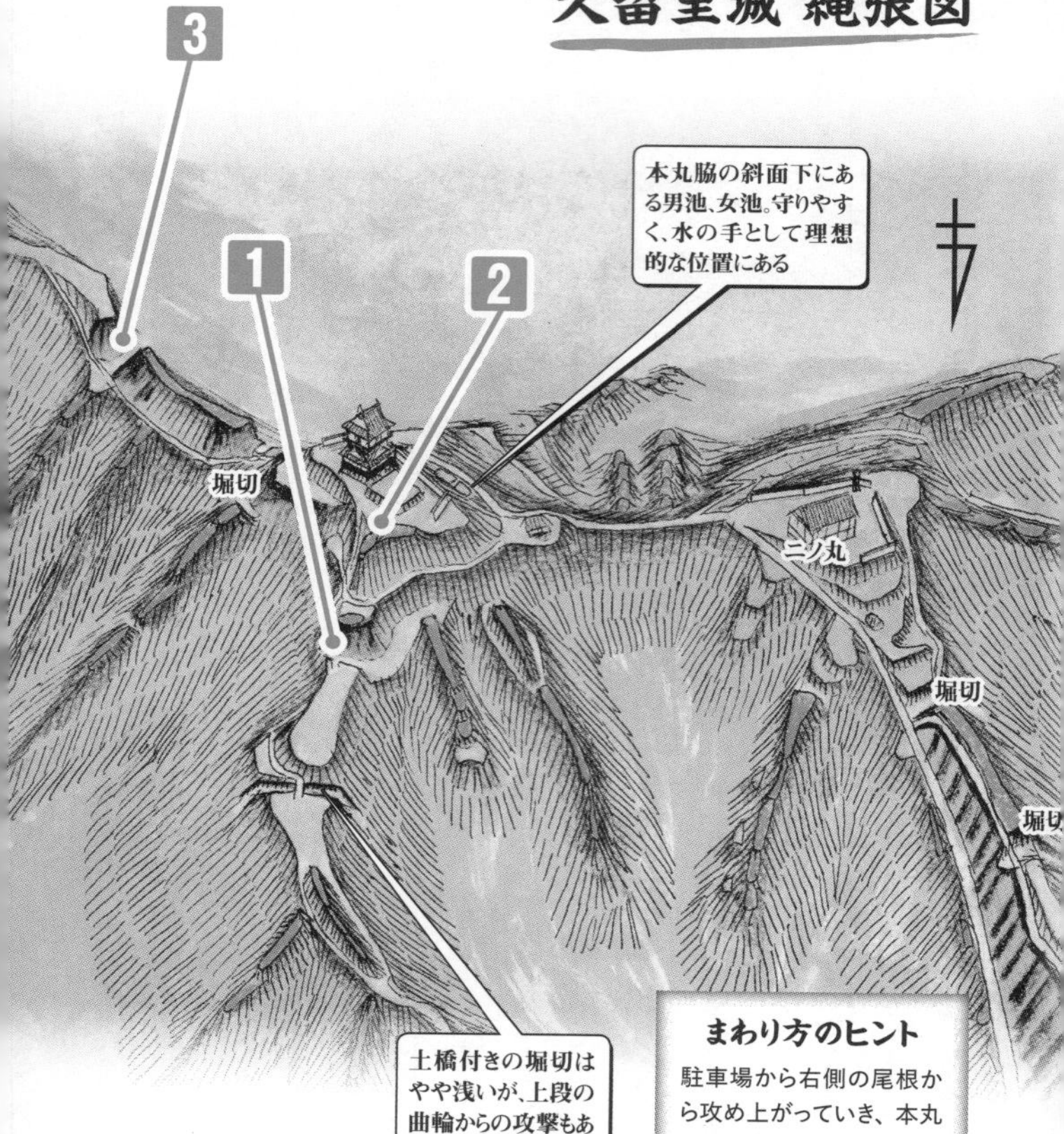
3
1
2
本丸脇の斜面下にある男池、女池。守りやすく、水の手として理想的な位置にある
堀切
ニノ丸
堀切
堀切
土橋付きの堀切はやや浅いが、上段の曲輪からの攻撃もあり、敵を食い止めるには十分だ

まわり方のヒント

駐車場から右側の尾根から攻め上がっていき、本丸を頂点にUターンしてもう一つの尾根へと下るのが王道。本丸裏の細尾根にも足を伸ばさないともったいない。二重堀切まで行って、折り返そう。

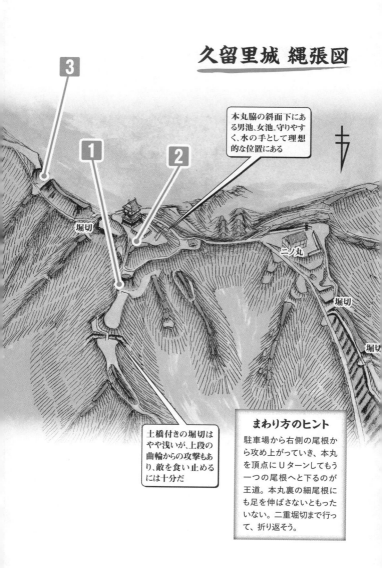

攻略のポイント

1 地肌をさらす切岸が行く手を阻む

大鷲が羽を広げたかのような切岸が行く手を阻む。その手前にはしっかりと堀切も切られている。山道が伸びている写真左側は崖っぷち。その際を進む。

2 土塁を二重に従えた本丸内の防衛ライン

本丸、天守台の北側には２ｍ以上はありそうな高土塁が築かれている。その奥にもう一つ、土塁が見える。さらにその先は落差数ｍの切岸。二重三重の備えとはまさにこのことだ。

3 尾根を一刀両断圧巻の大堀切

本丸の東南に伸びる細尾根には、堀切、堀切、また堀切。岩盤が露出している部分もあり、戦国時代の技術と道具で掘削するのは相当な苦労だったはず。目にするだけで戦意を奪われそうだ。

悪五郎一族の繁栄とともに複雑化

久々利城《くくりじょう》

所在地 岐阜県可児市久々利　旧国名 美濃国

美濃守護・土岐《とき》氏の一族であった久々利氏の本拠で、築城主は土岐康貞《やすさだ》といわれている。それ以降、康貞から始まる久々利氏は、戦国時代後期まで約200年にわたって美濃国の中東部で一定の勢力を誇った。

久々利氏は、初代康貞の時代から「悪五郎」の通称を歴代当主が襲名してきたという。当時の「悪」は現代のような悪者としての意味ではなく、強さの象徴だった。久々利頼興《よりおき》が当主だった戦国時代後期には、美濃国の支配者・斎藤氏の一族である斎藤正義を誅殺。中濃・東濃の支配権を手に入れ、名実ともに強者にのし上がった。

久々利城は、戦国時代後期に入って階段状の曲輪群、土塁を利用した桝形虎口、横堀など、複雑な構造が追加され、丘陵に沿って曲輪が連なる、見事な土の城となった。各曲輪

別名
──

築城年
南北朝時代
戦国時代後期改修

主な城主
土岐氏、久々利氏、森氏

遺構
井戸、空堀、曲輪、土塁、堀切、切岸、桝形虎口、横堀

二ノ丸から三ノ丸（写真右）と虎口（写真左奥）を見下ろす

は十分な広さの平坦地で、大勢の兵が駐屯できるようになっていた。

しかし、久々利氏の運命は暗転する。織田信長の美濃侵攻により１５６５（永禄８）年、頼興は織田方に降り、織田家家臣・森氏の配下となった。

１５８２（天正10）年には、「本能寺の変」による織田家中の混乱に乗じて、森氏からの離反を企てるも失敗に終わっている。そして、１５８３（天正11）年、森長可《ながよし》の居城・美濃金山《かねやま》城からの帰りに森氏家臣の夜襲に遭い、頼興は討ち取られてしまった。頼興を襲った人物は、かつて頼興が殺した斎藤正義の遺児だったとされ、頼興暗殺は長可の策略だったといわれる。

久々利城 縄張図

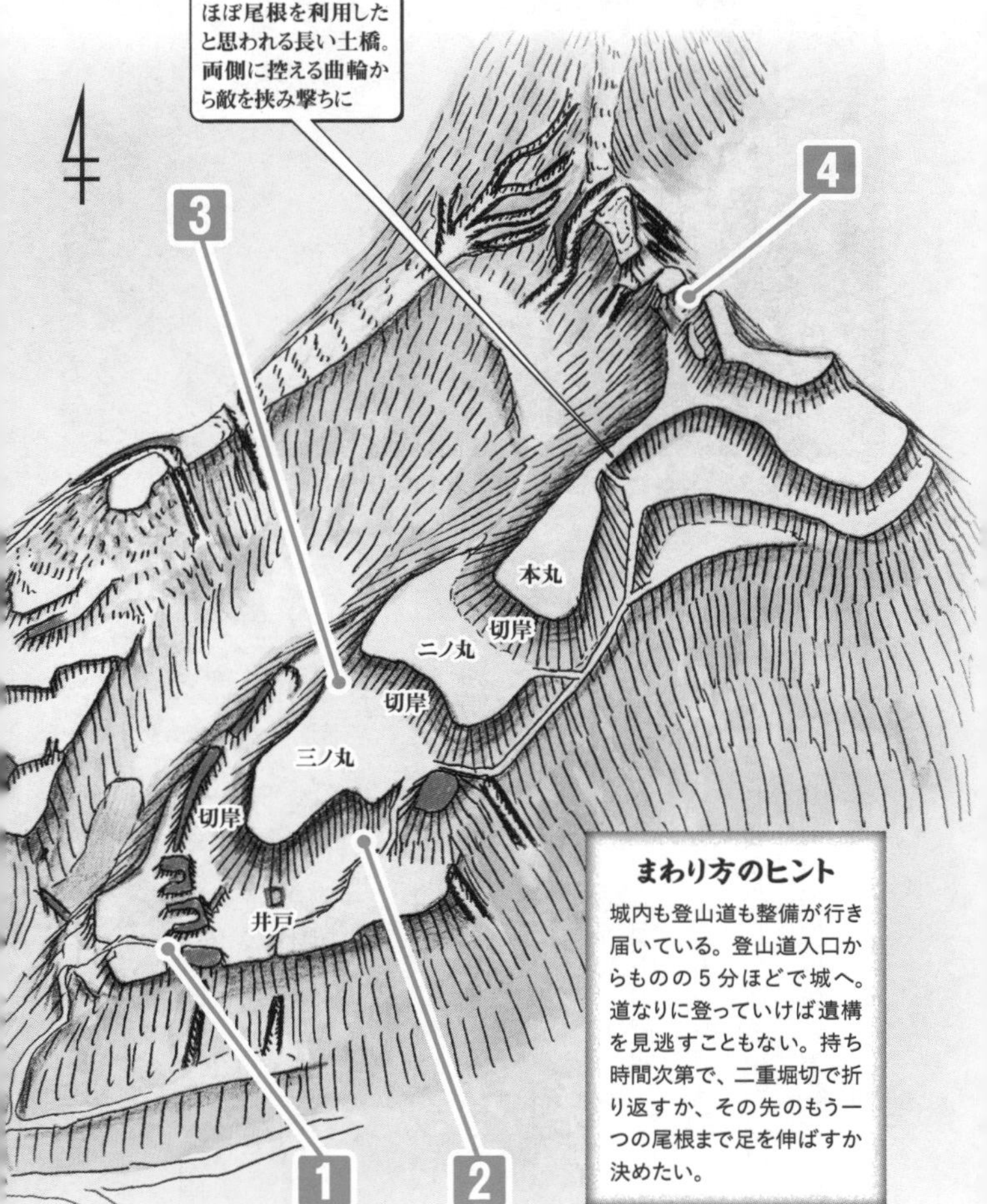
ほぼ尾根を利用したと思われる長い土橋。両側に控える曲輪から敵を挟み撃ちに
4
3
本丸
切岸
二ノ丸
切岸
三ノ丸
切岸
井戸
1
2

まわり方のヒント

城内も登山道も整備が行き届いている。登山道入口からものの5分ほどで城へ。道なりに登っていけば遺構を見逃すこともない。持ち時間次第で、二重堀切で折り返すか、その先のもう一つの尾根まで足を伸ばすか決めたい。

攻略のポイント

1 一部袋小路あり！個性的な土塁群

土塁が並行して並んでおり、まるで畝状竪堀が裏返しになったような構造。しかも通り抜けられるのは一つで、ほかは袋小路状に。こんなトラップ、ほかの城では見たことがない。

2 突破できたと思いきや集中砲火で一網打尽

写真は、城内側から城の入口方面を見たところ。井戸の先に壁のような土塁が見える。そこをかいくぐって侵入しても、右手上の曲輪から集中砲火。シンプルだが手強い。

3 見通し万全でスキなし連続する段曲輪

段々に並ぶ曲輪間は、それぞれしっかりと削られ、切岸加工が施されている。どこも落差はかなりあり、攻め手は相当粘り強く、かつ相応の犠牲を払わなければ攻め込めない。

4 越えられるなら越えてみよ恐るべき角度の二重堀切

写真では一つだけだが、鋭い落差の堀切が立て続けに並んでいる。そのＶ字ぶりはほれぼれするほど急角度。背後から攻め寄せる敵は、尾根幅の狭くなったこの場所で阻止。

まだある!

技巧派の城

城名の通り刃のような鋭角の堀切

鎌《かま》刃《は》城《じょう》

所在地 滋賀県米原市馬場　旧国名 近江国

六角氏と浅井氏、浅井氏と織田氏が争った、近江国の南北を分ける戦略的重要拠点。その技巧にはうならされる。東尾根にあたる細尾根には、しつこいぐらいに連続して切られた堀切があり、その鋭さは全国に数ある山城の中でも随一といっていい。横幅もほとんどない細尾根にこの急角度。しかもそれが7条も続いているのだから恐れ入る。西側に足を運ぶと一転して、幅数mはある幅広の大堀切。北六曲輪の南側面に回り込むと大石垣。抜け目ない縄張の城だ。

別名
――

築城年
1532～1573年(天文～元亀年間)

主な城主
土肥氏、堀氏

遺構
石垣、曲輪、土塁、堀切、桝形虎口

攻略のポイント

堀切の角度はほぼ直角!

堀切の底から頭上を見上げれば、いかにそれが鋭いかを体感できる。ここまで急角度の堀切は、全国を探してもまずない。

断崖を大石垣で固めて万全の守りを実現

北六曲輪の南側は急斜面で、その一部を石垣群が固めている。より急な傾斜にし、登りにくくなるように築かれたのだろう。

まだある！
技巧派の城

北城と南城が連動する別城一郭

龍王山城《りゅうおうざんじょう》

所在地 奈良県天理市田町　**旧国名** 大和国

奈良盆地東部、標高585mの龍王山頂上付近に広がる、奈良県最大級の城郭。大和の有力豪族・十市《といち》氏が築城し、永禄年間（1558～1570年）に松永久秀が改修した。南・北二つの峰に築かれ、南城《みなみしろ》と北城《きたしろ》が一つの城を形づくる「別城一郭《べつじょういっかく》」を形成する。尾根筋に曲輪を一列に配した南城に対し、北城は本丸の周りに曲輪を配した。1578（天正6）年に破却されたものの、土塁や竪堀、曲輪が残る。馬池など、山上の湧水池も見逃さないようにしたい。

別名
十市城、龍王城

築城年
1532～1555年
（天文年間）

主な城主
十市遠忠、松永久秀

遺構
石垣、井戸、曲輪、竪堀、土塁、堀切

攻略のポイント

**堀切と土塁が残る
大規模な平坦面の北城**

南城よりのちに造られた北城は、南城より約60m低いものの、平坦地形に恵まれ、大規模な曲輪取りができた。本丸の周囲は大きな堀切で区切られ、北西に伸びた曲輪群は土塁を備え、内側を石積みで補強した箇所もある。

**南城の本丸から
奈良盆地を一望する**

気候の条件が合えば明石海峡大橋が見える絶好の眺望。一段下がった平坦面には、武士が詰めた大広間のような建物があったとされている。

まだある!

技巧派の城

元祖下剋上男・三好長慶の居城

芥川山城《あくたがわやまじょう》

所在地 大阪府高槻市原　旧国名 摂津国

　一時は畿内一帯を押さえ隆盛を誇った三好長慶が拠点とした、比高130mほどの山城。三方を芥川に守られており、天然地形を巧みに利用している。山腹を埋め尽くす曲輪群は数十にもおよび、堀切、土塁などを随所に設けてある。城域は大きく三つのエリアに分かれており、深く攻め込まれても連携しての撃退が可能だったものと思われる。城域には石切場もあり、城内のところどころに石垣が築かれているが、その成立時期には諸説あり。

別名
芥川城、原城、三好山城

築城年
1515(永禄2)年?

主な城主
能勢氏、細川高国、細川晴元、三好氏、和田惟政、高山氏

遺構
石垣、空堀、曲輪、土塁、堀切、虎口

攻略のポイント

明確な高低差で敵を阻止

大手道の中腹あたりに伸びている、野面積みの荒々しい石垣。落差を設けて敵の侵入に備えている。

堀切&虎口の組合せで東の守りは万全

二ノ曲輪と三ノ曲輪間には、幅4～5mはある堀切と、その脇に土橋が伸びている。その先には切通状の虎口が待ち構えている。

第三章 とてつもない巨城

全国には、度肝を抜くような規模を誇る城も点在している。織豊期以降の平城でなくとも、山全体を要塞化したものもある。圧巻の広さを誇る名城は、一日かけてじっくり攻めてみたい。

山上を覆い尽くすめくるめく石垣群

観音寺城《かんのんじじょう》

所在地 滋賀県近江八幡市安土町石寺　旧国名 近江国

佐々木六角《ろっかく》氏は近江の名族である佐々木氏の血筋で、代々、近江守護を務めた。観音寺城は、六角氏の支配域だった南近江の中央部に位置する大規模な山城である。元は観音正寺という山上の寺院の境内であり、南北朝時代に佐々木氏の陣地が築かれたのが始まりだ。その後16世紀前半に、六角氏の居城として整備されたと考えられている。

観音寺城の最大の特徴は、多数の曲輪が本格的な石垣で囲まれていることだ。池田丸の少し下にある大石垣は、10m以上の高さにもなる。また、伝平井丸周辺の石垣は、長辺が1m近い巨石が使用されている。一般に、総石垣の城は織田信長の安土城が始まりとされるが、それに先行して、石垣群を用いた巨城を築いていたのである。

中世の大名の本拠地は、非常時に立て籠る詰めの城を山上に、平時の生活を送る居館を

別名
佐々木城

築城年
南北朝時代

主な城主
佐々木六角氏

遺構
石垣、曲輪、竪堀、土塁、喰違虎口

城内中枢部の一角を担ったと考えられる伝平井丸

平地に築くのが基本だ。しかし、六角氏はそうでなかったようだ。観音寺城の伝本丸や伝池田丸、伝平井丸といった曲輪からは、多くの礎石が見つかった。また、伝本丸に続く道は直線的で、守護の権威を見せつけるような立派な石段である。この城は、六角氏当主や家臣団が居住するエリアでもあったといえるだろう。

1568（永禄11）年、織田信長の攻撃を受けた六角義賢《よしかた》（承禎《じょうてい》）・義治《よしはる》父子は観音寺城を放棄して甲賀地方へ逃亡した。六角父子はその後も信長に抵抗して、たびたびゲリラ戦で再起を図っている。しかし、観音寺城の奪回はついに果たせず、1570（元亀元）年に降伏した。

観音寺城 縄張図

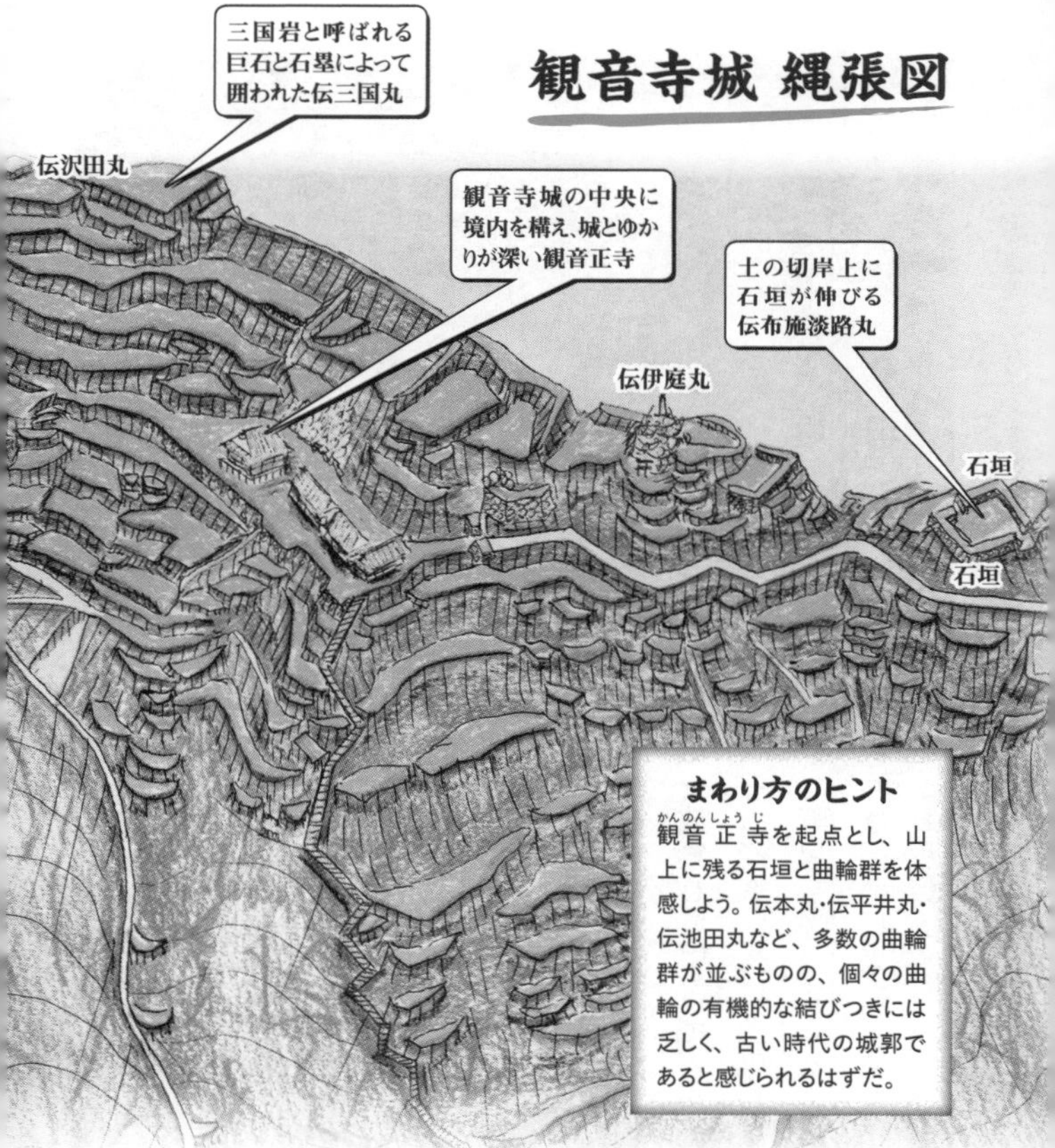
三国岩と呼ばれる巨石と石塁によって囲われた伝三国丸
伝沢田丸
観音寺城の中央に境内を構え、城とゆかりが深い観音正寺
土の切岸上に石垣が伸びる伝布施淡路丸
伝伊庭丸
石垣
石垣

まわり方のヒント

観音《かんのん》正《しょう》寺《じ》を起点とし、山上に残る石垣と曲輪群を体感しよう。伝本丸・伝平井丸・伝池田丸など、多数の曲輪群が並ぶものの、個々の曲輪の有機的な結びつきには乏しく、古い時代の城郭であると感じられるはずだ。

4 崖からせり出した城内屈指の高石垣

伝池田丸の南東斜面に複数の曲輪が雛壇状に広がる。伝池田丸から二段下がった曲輪では、「大石垣」と呼ばれる高さ約 10m の高石垣が威容を誇る。

攻略のポイント

1 伝本丸裏の喰違虎口

伝本丸の北から桑實寺《くわのみでら》に向かう位置の裏虎口は、石塁をずらして配置した喰違虎口となっている。ただし、後から改修された可能性も指摘される。

2 直線的な石段と謎が残る伝本丸

直線的に伸びる大手道を登ると伝本丸が広がる。城の中核部分と考えられているが、伝本丸よりも高い曲輪が存在するほか、曲輪が分布する範囲の西端に位置するなどの点から、疑問視されている。

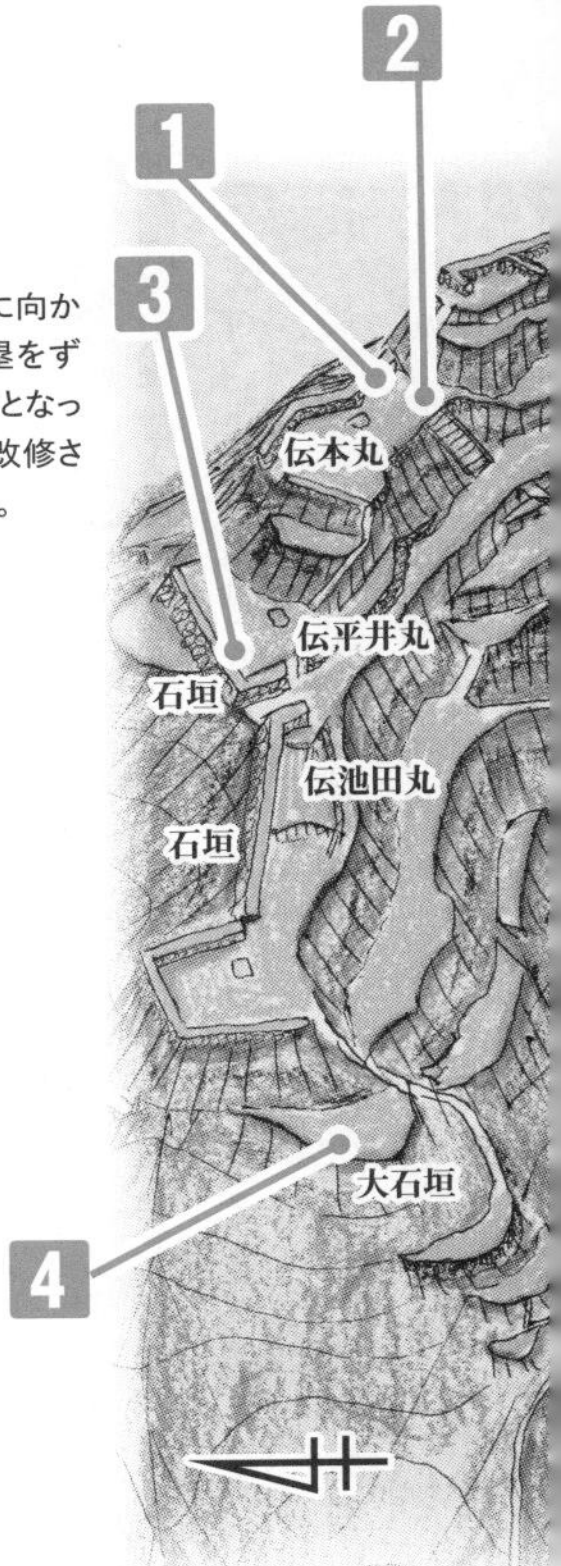

3 城内最大級の巨石を構える伝平井丸

城主・六角氏の被官《ひかん》であった平井氏の屋敷跡とされる曲輪で、四隅を造って方形志向の平面形とし、大石を使った壮大な石塁が曲輪を囲む。

宿敵の猛攻に耐え抜いた毛利氏の拠点

吉田郡山城《よしだこおりやまじょう》

所在地 広島県安芸高田市吉田町吉田郡山
旧国名 安芸国

戦国時代、中国地方の一大勢力にまでのし上がった毛利氏の居城。ほかの勢力を抑えた毛利元就が、城の位置する郡山全体を要塞化したことで強固な城となった。

築城時期は定かではないが、鎌倉時代と伝えられ、当初は郡山東南の一支尾根に築かれた小規模な砦程度の城（旧本城）であった。しかし、毛利氏は大内氏と尼子《あまご》氏という二大勢力の狭間で幾度もの戦を経験したことから、のちに城の要塞化を行うこととなる。

吉田郡山城を舞台とした「吉田郡山城の戦い」は、1540〜1541（天文9〜10）年に、尼子氏対毛利氏・大内氏で争った籠城戦である。従来の説によれば、当時、毛利元就が仕えていた尼子氏が毛利氏の家督相続に介入し、これに不満を持った元就が大内氏への鞍替えを決意したことが契機であった（新説では他城での内紛ともいわれている）。これ

別名
――

築城年
1336（建武3）年？

主な城主
毛利氏

遺構
石垣、井戸、空堀、土塁、堀切、切岸

二ノ丸から井戸のある釣井の壇を見下ろす

を警戒した尼子氏が吉田郡山城に近い山に布陣し、城下町に火をつけて兵糧攻めを行ったという。

対する元就は、農民含め８０００人で籠城した。最終的には、大内氏の援軍が到着することで形勢逆転し、約５カ月にわたった戦は終結した。これらの経験から元就は、複雑に入り組んだ地形を生かして、２７０の曲輪と本丸を中心とした12の尾根を築くことで城を要塞化した。この合戦は元就の名を周辺諸国に知らしめる機会となり、勢力拡大の一因ともなった。

その後、元就の孫・輝元が１５９１（天正19）年に本拠を広島城に移したことで、吉田郡山城は廃城となった。

吉田郡山城 縄張図

釣井の壇にある井戸。本丸と帯曲輪が頭上から見張る位置にあり、水の手を守っている
2
1
3
4
釣井の壇
本丸
二ノ丸
蔵屋敷
三ノ丸
厩《うまや》の壇
勢溜《せだまり》の壇
中央に土塁を盛ったやや浅めの二重堀切。旧本城方面からの尾根伝いの侵入を防ぐ

まわり方のヒント

山麓の駐車場から左回りに毛利元就墓所へ。道なりで尾根に出て、釣井の壇に至る山道に。本丸周辺を巡った後は、南へと下るもう一つの登山路へ。途中、旧本城への分岐あり。立ち寄るなら往復でプラス 30 分ほど。

4 自然地形を加工し防御を万全にした堀切

吉田郡山城はタコ足のように四方八方に尾根が伸びているが、それぞれの端をきっちりと堀切で遮断。北西尾根のこの堀切もその典型。もともと鞍部で低くなった部分をさらに削っている。

攻略のポイント

1 本丸防衛を担う土と石の巨壁

本丸の東側斜面には一面に苔むした石が散らばっている。その量から推測すると、完全に覆い尽くす総石垣というよりは、要所要所に石を用いた土の切岸とのハイブリッド構造だったのではないだろうか。

2 ほとんど垂直！おそるべき切岸

山城の基本は高低差による優位性を最大限に生かすこと。それを身をもって感じさせてくれるのが、この城の本丸の北～西の切岸。上から攻撃を浴びせられたら、ひとたまりもない。

3 横に長く石垣を築いて城の心臓部を絶対死守

年月を経て崩壊が著しいものの、大量の石を用いていたことがはっきりわかる三ノ丸の石垣。現在の登山道とは異なるが、もともとの動線としては、登って来た敵をこちらに迂回させるようになっていたのだろう。

石垣を駆使した曲輪群が山上を覆う

岩村城《いわむらじょう》

所在地 岐阜県恵那市岩村町城山　旧国名 美濃国

標高７１７ｍの地に築かれた城であり、高取城（Ｐ１１６）や備中松山城（Ｐ１８８）とともに「日本三大山城」と呼ばれる。山頂一帯に階段状に整備された曲輪群と山麓部の居館群から成り、多くの櫓が建てられていた。築城時期は１１８５（文治元）年といわれ、鎌倉時代から明治時代まで約７００年間もの歴史を持つ。そのため、石垣の積み方の進化などから、時代の変遷を見られる。

戦国時代には信濃国との隣接地であることから、織田氏と武田氏による戦の舞台となった。１５７０（元亀元）年には、武田氏の家臣である秋山虎繁《あきやまとらしげ》が侵攻するも、遠山景任《とおやまかげとう》はこれを防いだ。遠山景任の没後は、幼少の坊丸を遠山氏の養子として城主につかせ、後見は信長の叔母・おつやの方があたった。事実上「おんな城主」として采配を揮《ふる》ったが、１５７２

別名
霧ヶ城

築城年
1185(文治元)年

主な城主
遠山氏、秋山氏、松平氏

遺構
石垣、井戸、曲輪、虎口

本丸脇の東曲輪より。スロープ上が本丸、その奥が六段石垣

（元亀3）年に再び秋山虎繁より攻撃を受けた。あと一歩で陥落するところで、おつやの方が秋山虎繁と婚姻するという条件で降伏し、落城となった。

その後、武田氏の弱体化に乗じて織田氏が岩村城の奪還を果たすと、おつやの方をはじめ武田氏についた者は処刑された。さらに河《かわ》尻《じり》秀《ひで》隆《たか》が城主となり改築。現在に近い姿になったという。織田信長の死後も、1601（慶長6）年に松平氏の入城まで、森長可や遠山利景《としかげ》など、さまざまな者による攻防が続いた。現在は、松平氏時代の城下町の街並とともに、復元された太鼓櫓や表御門を通して町の風情を、山頂部では遺構を通して戦国時代へと思いを馳せることができる。

岩村城 縄張図

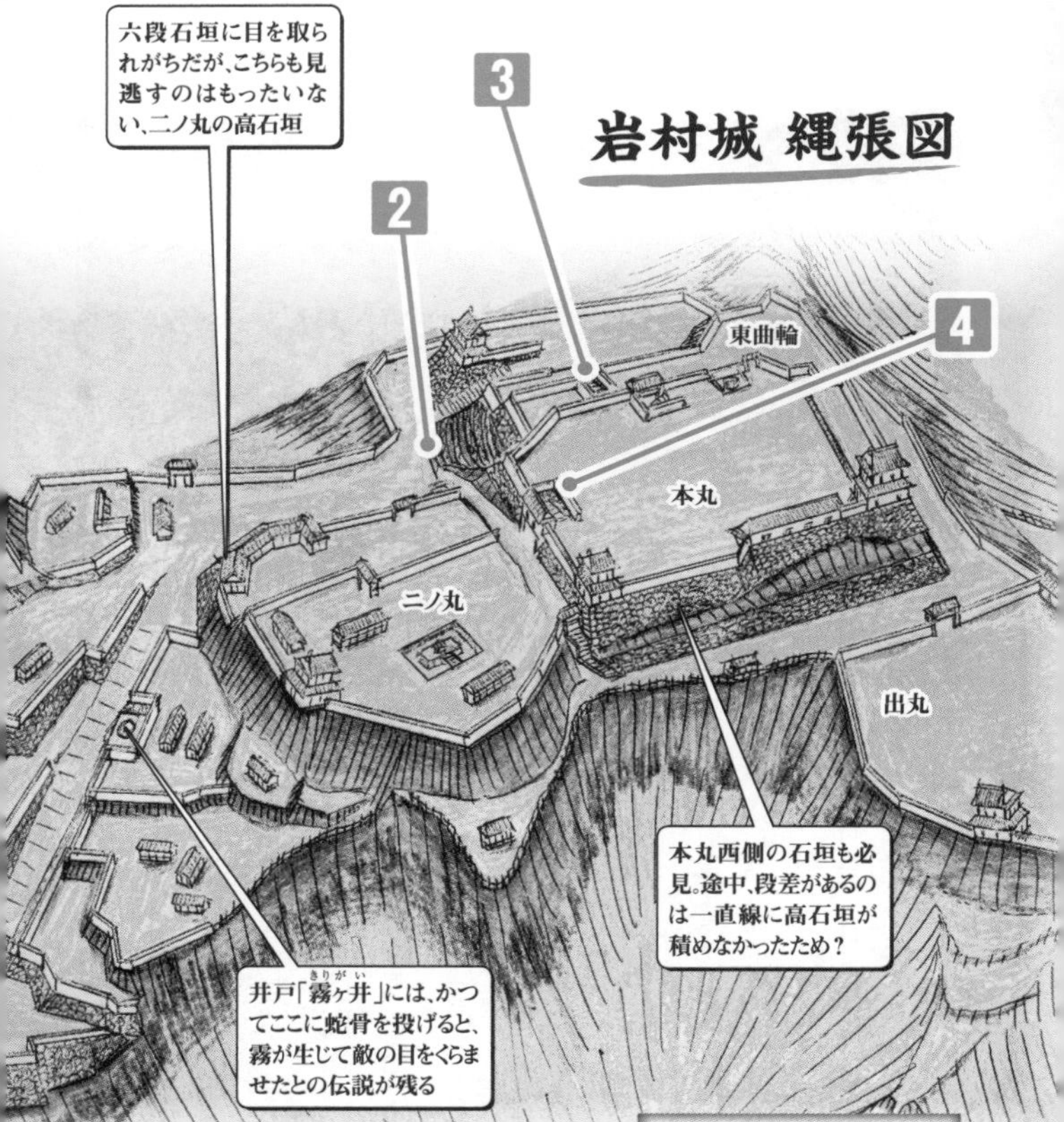
六段石垣に目を取られがちだが、こちらも見逃すのはもったいない、二ノ丸の高石垣
3
2
4
東曲輪
本丸
二ノ丸
出丸
本丸西側の石垣も必見。途中、段差があるのは一直線に高石垣が積めなかったため？
井戸「霧ヶ《きりが》井《い》」には、かつてここに蛇骨を投げると、霧が生じて敵の目をくらませたとの伝説が残る

まわり方のヒント

本丸から畳橋までの主要エリアを巡るだけなら、本丸東側の出丸が現在駐車場になっており、そこに車を停めて一巡するのが便利。時間に余裕があるなら、城下町から登って来て、本丸で折り返すルートで。

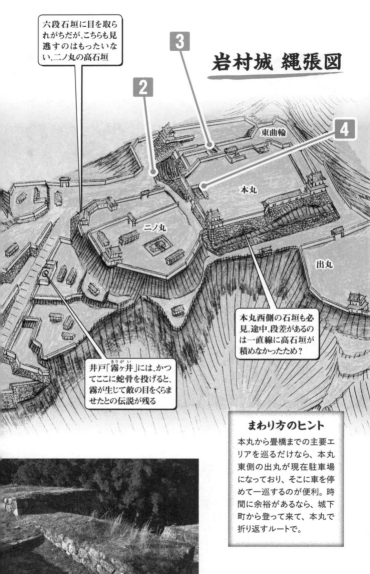

攻略のポイント

1 頑強な石垣に守られ吊橋が架けられていた

かつてこの場所には、石垣上に跳ね上げ式の吊橋が設けられていたという。石垣の間を道が何度もクランクして伸びているので、この道自体も登城路の一つだったのではないだろうか。

2 オリジナリティ抜群六段石垣

岩村城の代名詞のように語られる六段石垣。高さを稼ぐため少しずつずらして築かれたというが、ほかの城内石垣と見比べると、一段あたりもっと稼げたような気も……。個性的な城郭遺構なのは間違いない。

3 幅は狭まり三方が石垣本丸の最終防衛ライン

六段石垣の脇を抜けた先で、本丸へと至る道は折れ、キュッと狭まる。正面のみならず、両脇頭上からの攻撃にもさらされながら突破できなければ、本丸へはたどりつけない。

4 曲がりまくりの進入路生きて通過は至難の技 ▶

本丸の進入路はもう一つ、二ノ丸側から。しかし、写真をよく見て欲しい。三度の折れを伴っており、城内へ背を向ける場面が幾度も生じてしまう。戦場で背中を見せる=死を意味することはいうまでもない。

高取城《たかとりじょう》

奈良盆地を見下ろす大規模な石の要塞

所在地 奈良県高市郡高取町高取
旧国名 大和国

近世山城の代表格で、見事な石垣の残る高取城。南北朝時代、大和の豪族である越智氏が築いたのが始まりである。越智氏は宿敵・筒井氏との抗争の末に没落し、城は筒井順慶《つついじゅんけい》の支配下に入る。1585（天正13）年には、豊臣秀吉の弟・秀長が大和郡山城主となり、高取城には家臣の脇坂安治《わきざかやすはる》、続いて本多利久が入った。利久は、家臣の諸木大膳《もろきだいぜん》に命じて高取城を改修させ、大小の天守や石垣を伴う壮麗な近世城郭となる。本多氏は江戸時代初期に断絶し、幕末まで譜代大名の植村氏が城主となった。

高取城の比高は約400mと、近世以降も使用された城郭としては異例の高さを誇る。峻険な地形に沿って築かれた石垣は非常な迫力がある。天守などの建物は残っていないが、高さ12mもの天守台の高石垣は必見だ。本丸に入る虎口はUターンをしなければならない

別名
芙蓉城、鷹取城

築城年
1332（元弘2）年
1589（天正17）年に改修

主な城主
越智氏、筒井氏、脇坂安治、本多利久、植村氏

遺構
石垣、井戸、曲輪、空堀、天守台、桝形虎口、水堀、櫓台

動線が180度曲がるように石垣を築いた本丸虎口

構造になっているなど、防御面でも技巧が凝らされていた。

　本丸と二ノ丸の間には張り出した部分があり、馬出の役割を果たしていた。この部分には、太鼓御櫓と新御櫓という二つの櫓が立ち、鉄壁の守りを固めている。城内には多くの井戸があり、標高の高い山城で課題となる水の確保も万全だった。

　幕末の1863（文久3）年、尊王攘夷を掲げる過激派の志士が蜂起する「天誅組《てんちゅうぐみ》の変」が発生する。天誅組は十津川《とつかわ》郷士ら1000人余りで、高取城攻撃を敢行。高取藩の兵力は200人ほどと人数的には圧倒的に不利だったが、城からほど近い鳥ヶ峰で交戦し、撃退に成功している。

高取城 縄張図

天守台高石垣の前には樹齢700年の天守大杉が立つ
4
3
本丸
石垣
石垣
石垣
二ノ丸
2
三ノ丸
国見櫓からは奈良盆地や大阪、京都方面を一望できる
1
飛鳥時代の石造物と考えられる猿石が立つ

まわり方のヒント

山麓の城下町から土佐街道を通り、猿石《さるいし》経由のハイキングコースが整備されている。ただし、本格的な山城であるため、虫よけ対策や飲み物の準備は必須だ。圧倒的な石垣群と技巧的な防御の仕掛けを楽しみながら、山頂の本丸を目指そう。

攻略のポイント

1 山城では珍しい水堀を備えた二ノ門

二ノ門には堀の両端を堤で堰き止めた水堀があり、山城では唯一の現存例とされる。かつては、欄干が付いた橋によって、二ノ門とつながっていた。

2 三方から攻める敵を迎え撃つ大手門

高取城に入るための三つの入口は大手門で合流し、厳重な構えの中枢部へと通じる。大手門には高石垣による桝形虎口が構えられ、内部の二ノ丸には、藩主の屋敷や政庁が立ち並んでいた。

3 天守台の高石垣は高さ約 12m

城域全体にわたって良好に残る石垣の中でも、天守台の高石垣は城内で最も高さがあり圧倒的な威圧感を与える。往時には三層の天守がそびえ立ち、にらみをきかせていた。

4 厳重な防御の極めつけ本丸の桝形虎口

本丸は大天守、小天守、三階櫓群を多聞櫓でつないだ壮大な構造だった。しかも、虎口は複雑な折れを伴い、U ターンしないと入れない構造になっている。

岡城《おかじょう》

「鬼島津」を感嘆させた若き勇将の活躍

所在地 大分県竹田市竹田岡　旧国名 豊後国

三ノ丸北側の美しい石垣が著名な岡城は、歌曲「荒城の月」のモデルとなったといわれる。作曲者の瀧廉太郎は、幼少の一時期を大分県竹田市で暮らしていた。

鎌倉時代初期に築城されたという伝承の残る岡城。阿蘇溶岩台地の上にあり、白滝川と稲葉川に挟まれた天然の要害である。室町時代には、豊後国守護である大友氏の一族・志賀氏の城として拡充された。

1578（天正6）年、大友宗麟《そうりん》は「耳川《みみかわ》の戦い」で島津義久に大敗。大友氏に従属していた国人衆の離反が相次ぎ、力を大きく削がれた。1586（天正14）年には、島津義《よし》弘《ひろ》の率いる大軍が豊後国へ侵攻する。大友氏一門の志賀氏も島津氏に寝返ったが、当時20歳の志賀親次《ちかつぐ》だけは主家への忠義を貫き、岡城に籠った。

別名
臥牛城

築城年
1185（文治元）年?、1334（建武元）年?
1594（文禄3）年に改修

主な城主
志賀親次、中川秀成

遺構
石垣、井戸、曲輪、門跡、桝形虎口、櫓台

中川覚左衛門屋敷から高石垣がそびえる本丸方面をのぞむ

岡城は、肥後国から敵が侵入して来たとき、最初期に狙われる位置にある。3万を超える島津軍に対し、岡城の守備兵は1500ほど。しかし、「鬼島津」の異名を持つ猛将・島津義弘も、岡城の堅い守りには苦戦した。親次は、島津方のたび重なる挑発にも乗らず、城を守り抜く。その間に、豊臣秀吉の軍が大友氏救援に到着し、大友氏は滅亡を免れたのである。親次の活躍は「天正の楠木（正成）」と称賛された。

その後の1593（文禄2）年、大友氏は秀吉の怒りを買って改易となる。翌年、中川秀成《ひでしげ》が岡城を与えられ、3年がかりで総石垣の近世城郭に改築した。中川氏は江戸時代も存続し、幕末まで豊後岡藩の藩主を務めた。

岡城 縄張図

城内で最も狭い箇所に敵の直進を阻む西中仕切りを設けた
中川覚左衛門屋敷
4
二ノ丸
本丸
家老屋敷
三ノ丸
西ノ丸御殿
城代屋敷
3
2
1

まわり方のヒント

岡城料金所を起点とし、曲線に伸びる登城道から大手門を経て、本丸を目指すのが基本。西中仕切りの桝形虎口を越えると、中枢に突入する。中川覚左衛門屋敷や西ノ丸まで足を伸ばし、近戸門から七曲りを通って下城すれば、城域の大部分を網羅する。

4 屏風のような三ノ丸の高石垣

断崖絶壁に積み上げられた高石垣の塁線は、横矢を掛けるために何度も折り曲げられている。岡城の高石垣には防御用だけでなく、面積が限られるという山城の弱点を補い、面積を広げるために用いることもある。

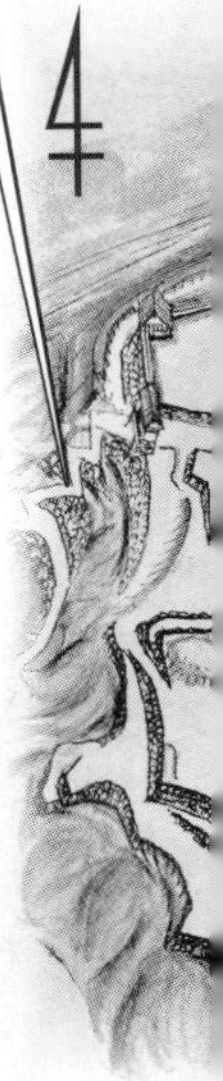
岡城料金所と近戸門を結ぶ七曲りは中世の面影を残す
4

攻略のポイント

1 攻城意欲を削ぐ溶岩台地の断崖

阿蘇山の噴火が生み出した阿蘇溶結凝灰岩が長年にわたり浸食され、白滝川と稲葉川によって囲まれた断崖絶壁の地となった。1586（天正 14）年、破竹の勢いで進軍する薩摩の島津軍を撤退させ、実力を発揮した。

2 屈曲し伸びる登城道

視界が開けた曲線状の登城道と、脇には半円型をした「かまぼこ石」が伸びる。かまぼこ石には窪みがあり、塀の土台であったと考えられるが、視界の開けた登城道をあえて造った理由は明らかではない。

3 太陽の向きを計算した!?東向きの大手門

時期によって、早朝には石垣の間に朝日が昇る。一説には、中川氏時代に大手門を造った際、築城の名手・加藤清正が現在の向きに造り直させたという。陽光を利用し、立ち往生した敵に一斉射撃をかける狙いだったのだろうか。

険峻なる要塞でもし決戦あらば……

一乗谷山城《いちじょうだにやまじょう》

所在地 福井県福井市城戸ノ内町三万谷町　旧国名 越前国

戦国時代、越前を100年にわたって支配した朝倉氏。その居館跡は、「一乗谷朝倉氏遺跡」として整備されている。

一乗谷周辺は、急峻な山に挟まれた細長い峡谷である。谷の2カ所の入口に城戸を築き、全体を巨大な要塞都市にした。ここは、福井平野を潤す農業用水の取水地点という重要な土地でもある。堅固な城塞に守られた一乗谷は政治的にも安定しており、京都から多くの文化人が訪れた。京都を追われた足利義昭も、ここに一時亡命している。

朝倉氏居館の背後にある一乗谷山には、非常時に立て籠る詰めの城として一乗谷山城が築かれている。比高は約420mあり、かなり大規模な部類である。

その城域はおおむね二つに分かれている。一つは、尾根伝いに一ノ丸、二ノ丸、三ノ丸

別名
——

築城年
1471(文明3)年ごろ

主な城主
越前朝倉氏

遺構
井戸、曲輪、土塁、堀切、畝状竪堀、切岸、虎口

北東側からの城への入口は巨大な堀切が守る

と続く細長い連郭群。連郭群の周辺には、およそ140本もの畝状竪堀がある。もう一つは、広大な「千畳敷」を中心とした削平地群だ。この区域の入口で崖のようにそびえる切岸と、深くえぐったような堀切は見事。また、削平地群からは礎石も見つかっており、規模の大きな建物があったと考えられている。

朝倉義景は、織田信長の来襲に備えて一乗谷山城を念入りに改修していたという。しかし、城に施された技巧が生かされることはなかった。1573（天正元）年8月、一乗谷は信長の攻撃により壊滅。義景は籠城することなく逃亡し、自害した。ここに越前朝倉氏は滅亡し、一乗谷山城は一度も戦うことなくその役目を終えた。

一乗谷山城 縄張図

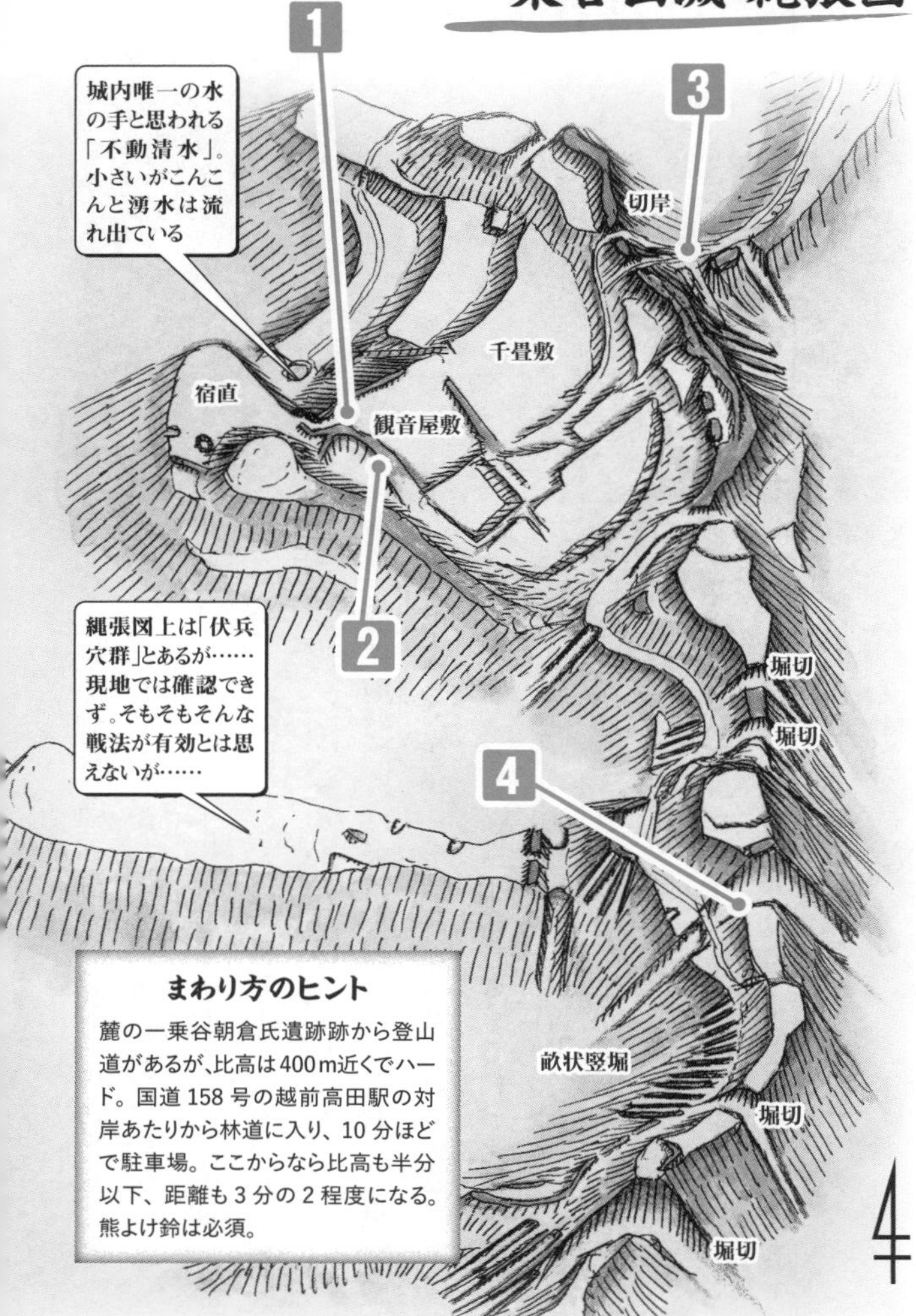
1
2
3
4
城内唯一の水の手と思われる「不動清水」。小さいがこんこんと湧水は流れ出ている
縄張図上は「伏兵穴群」とあるが……現地では確認できず。そもそもそんな戦法が有効とは思えないが……
切岸
千畳敷
宿直
観音屋敷
堀切
堀切
畝状竪堀
堀切
堀切

まわり方のヒント

麓の一乗谷朝倉氏遺跡跡から登山道があるが、比高は400m近くでハード。国道158号の越前高田駅の対岸あたりから林道に入り、10分ほどで駐車場。ここからなら比高も半分以下、距離も3分の2程度になる。熊よけ鈴は必須。

攻略のポイント

1 わずかな隙間をすり抜ける Z状に折れ曲がった虎口

土塁を駆使した喰違虎口。写真はそれを観音屋敷側から見たところ。Z 状に 3 回曲がっていて、右側は急斜面が迫っている。攻め手にとって最大の難所といえるだろう。基部には石垣も見られる。

2 身を隠しながら狙撃し 近づく敵を一網打尽に

写真中央部に伸びる土塁に守られるように、左側に凹んだ地形。土塁の左側は落差 2 ～ 3m はある切岸で、観音屋敷を見下ろす形。身を隠しながら、眼下の敵を狙い撃ちできる。

3 目の前に立ちはだかる 巨壁のような切岸

強烈な角度と落差の堀切（写真左奥）と、屏風のごとく広がる切岸（写真正面奥）。虎口のような隙間をすり抜けないと進めない。ここからが城域、一歩たりとも侵入させぬ。そんな強固な意志を感じさせる。

4 越えるのは至難の業 見上げるような大堀切

城域の奥はほぼ尾根伝いに曲輪が並んでいて、その間をきっちりと堀切で分断してある。中には二重のものも。写真はそのうち最大のもの。左が二ノ丸、右奥が三ノ丸。落差は3m近くある。

増山城《ますやまじょう》

上杉謙信をうならせた堅固さを誇る

所在地 富山県砺波市増山
旧国名 越中国

別名
和田城

築城年
1362(貞治元)年
15世紀後半、1586(天正14)年以降に改修

主な城主
神保長職、佐々成政

遺構
井戸、空堀、土塁、堀切、切岸、虎口、櫓台

松倉城、守山城とともに「越中三大山城」と呼ばれる増山城。59万㎡におよぶ広大な城域が特徴だ。その歴史は古く、南北朝時代の史料にも記録が残っている。戦国時代には、増山城は越中国守護代の神保《じんぼう》氏の支配下に入った。放生津《ほうじょうづ》城(のちに富山城)を本拠とした神保氏が、15世紀後半に支城として増山城を整備したと考えられている。

1543(天文12)年ごろ、神保長職《ながもと》は富山城を築き、本拠を移す。その後も、増山城は富山城の詰めの城として神保氏に重要視された。当時の越中は、守護代の遊佐《ゆさ》氏・椎名氏・神保氏が勢力を争っていた。越後国の戦国大名・長尾氏がこれにたびたび介入したことで、増山城は長尾景虎(上杉謙信)に3度も攻められることになった。

1回目は1560(永禄3)年で、謙信の越中侵攻を受けた長職が、富山城を捨てて籠

大手口から登って来ると、見上げるような切岸と鋭角の堀切が出現

城。長職は敗北するものの、謙信が増山城の堅牢さを称えた書状が残っている。2回目は1562（永禄5）年で、勢力を回復した長職を、再び謙信が攻撃した。謙信は城の周辺に火を放ち、長職を降伏に追い込んだ。3回目は長職没後の1576（天正4）年で、謙信は七尾城（P32）攻めの前に、一向一揆の勢が立て籠る増山城を攻め落とした。

1581（天正9）年には織田信長が攻略し、佐々《さっさ》成政《なりまさ》が入った。成政の時代にも城は整備されたが、成政は1585（天正13）年に豊臣秀吉に降伏。その後は、前田氏の支配下になるが、1615（元和元）年の一国一城令で廃城に。遺構の保存状態は非常に良好で、一ノ丸からはかつての城下町跡が一望できる。

増山城 縄張図

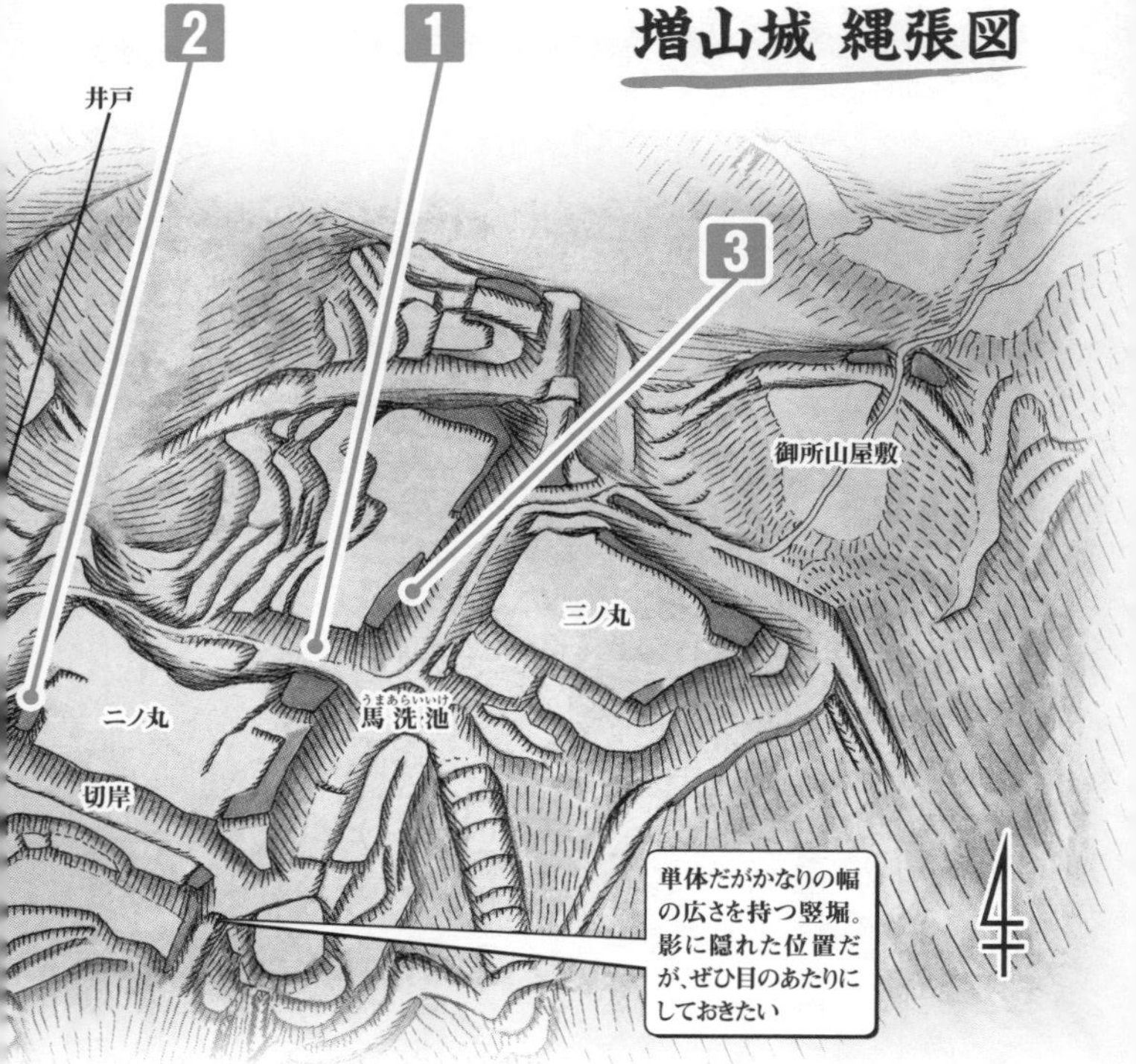
2
1
3
井戸
御所山屋敷
三ノ丸
ニノ丸
馬洗池《うまあらいいけ》
切岸
単体だがかなりの幅の広さを持つ竪堀。影に隠れた位置だが、ぜひ目のあたりにしておきたい
4

まわり方のヒント

増山湖ほとりの駐車場から、堰堤を通り大手道へ。道沿いに進めばほどなく一ノ丸へと至る。城内各所を巡った後は引き返すのもよいが、安室屋敷と三ノ丸間の堀切を抜けた先にも遺構あり。その先の車道から下って、駐車場に戻れる。

3 堀切を土塁で強靭化 手抜きなしの徹底構造 ◀

安室屋敷と三ノ丸の間の堀切も強烈。しかも安室屋敷側には土塁が築かれており、さらなる落差と城内を隠す効果も。90 度に折れた先の堀切とも一体化しており、うかつに迷い込めば殲滅やむなしだ。

攻略のポイント

1 右も左も頭上に城兵 攻め手にとって最大の難所

二ノ丸と安室屋敷間の巨大な堀切。通路の役割もあったと思われる。両側ともに、落差はおそらく2～3mはあるだろう。各個撃破が難しい地形が、攻め手を悩ませる。

2 城の 心臓部の入口 二ノ丸の虎口

名前こそ「二ノ丸」だが、城内最大の広さを誇るこの曲輪が主郭だったと思われる。四方を急勾配で囲まれ、唯一ともいえるルートがこちら。ただし虎口を突破できれば、だが。

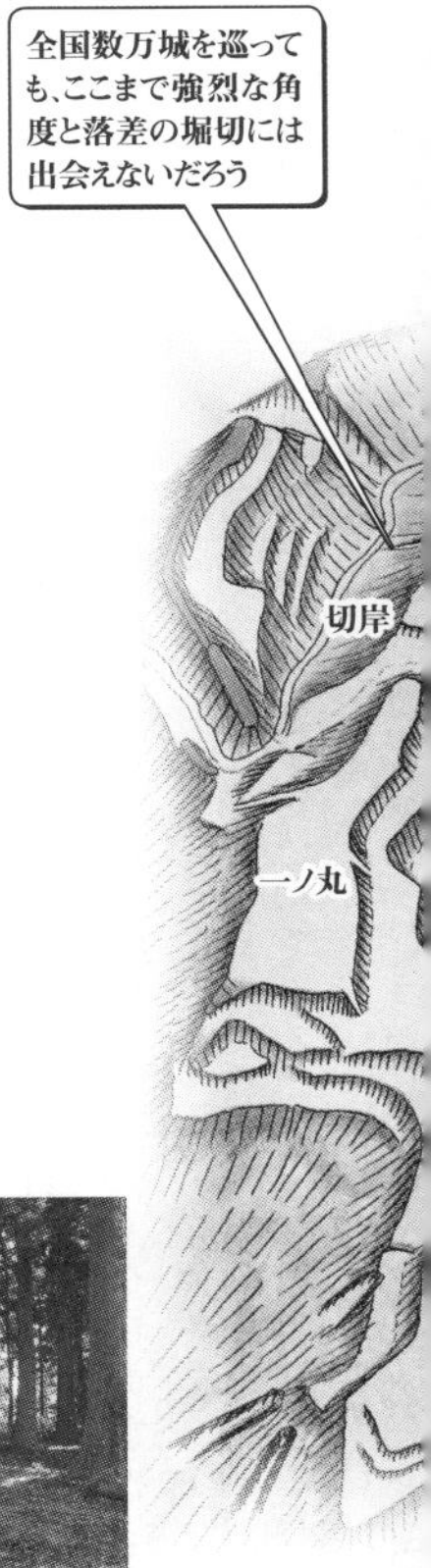
全国数万城を巡っても、ここまで強烈な角度と落差の堀切には出会えないだろう
切岸
一ノ丸

清水山城《しみずやまじょう》

近江国でも有数の城域を誇る

所在地 滋賀県高島市新旭町安井川
旧国名 近江国

琵琶湖の西岸を通る西近江路は、京都と北陸を結ぶ重要な交通路である。その途上に築かれているのが清水山城だ。山城・居館・寺院跡がまとめて国指定史跡になっており、整備が行き届いているため、初心者でも訪れやすい。

清水山城は、近江国の守護であった佐々木一族の城であった。嫡流は佐々木六角《ろっかく》氏となって近江守護職を世襲し、庶流として京極氏など多数の分家が出た。「バサラ大名」として有名な南北朝時代の武将・佐々木導誉《どうよ》（高氏《たかうじ》）は京極氏にあたる。『近江輿地志略』という地誌によれば、清水山城は「佐々木越中氏（佐々木高島氏の別称）」の城だという。

清水山城の比高は約１００ｍとそれほどでもないが、城兵の展開できるスペースはかなり広く、城内の防衛構造は手が込んでいる。中央部の主郭を中心として、三方に伸びる尾

別名
――

築城年
室町時代

主な城主
佐々木高島氏

遺構
曲輪、土塁、堀切、畝状竪堀、切岸、虎口

清水山城麓の西屋敷に通じる大手道

根伝いに曲輪が多数築かれている。主郭北側の切岸はほとんど崖のようで、城としての高い防御力が窺える。主郭は、山城のわりに広い平坦地であり、建物の礎石や大量の土器が出土している。城主が居住できる御殿のような大規模な建物があったのだろう。佐々木高島氏が治めていた安曇《あど》川《がわ》下流域一帯の様子を眺めることもできる。

　立派な城郭を築いた高島氏も、本家の六角氏が織田信長に敗れ観音寺城（Ｐ１０４）を追われると、没落に向かう。１５７３（元亀４）年７月、織田信長は大船で高島郡に出陣。木戸城（滋賀県大津市）、田中城（滋賀県高島市）を降伏させ、高島郡を攻略した。清水山城もこの時に落城したと考えられている。

清水山城 縄張図

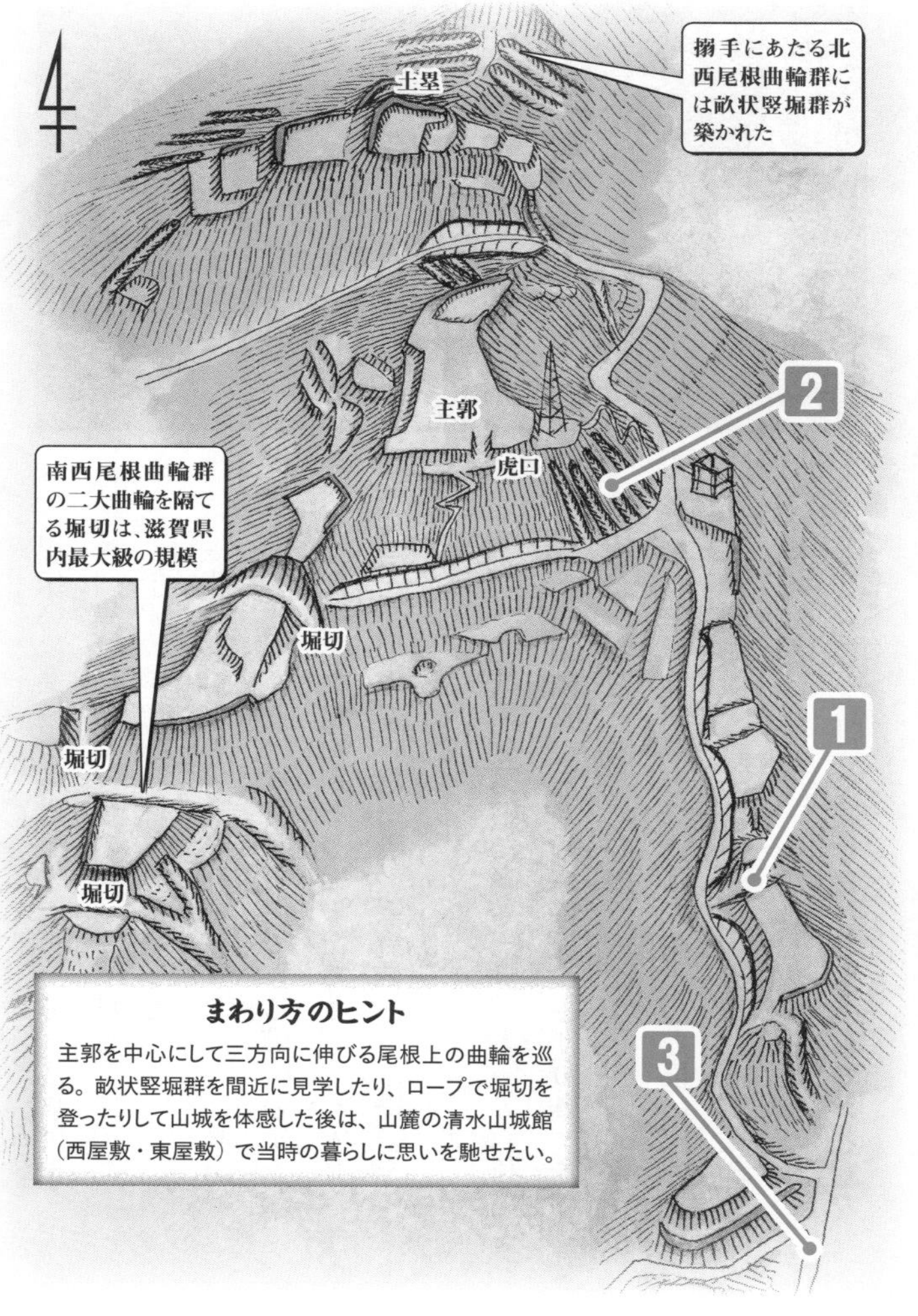

土塁
搦手にあたる北西尾根曲輪群には畝状竪堀群が築かれた
主郭
虎口
2
南西尾根曲輪群の二大曲輪を隔てる堀切は、滋賀県内最大級の規模
堀切
堀切
堀切
1
3

まわり方のヒント

主郭を中心にして三方向に伸びる尾根上の曲輪を巡る。畝状竪堀群を間近に見学したり、ロープで堀切を登ったりして山城を体感した後は、山麓の清水山城館（西屋敷・東屋敷）で当時の暮らしに思いを馳せたい。

攻略のポイント

1 ロープで登る堀切！曲輪が並ぶ三つの尾根

清水山城の構造は放射状連郭式と呼ばれ、主郭を中心に伸びた南東・南西・北西の尾根上に曲輪群を配置。土塁と深い堀切によって、主郭への動線を遮断する。写真は南東尾根の堀切。

2 信長に対する防御か？主郭の畝状竪堀群

主郭は東西約 60m、南北約 55m の L 字型の区画で、南面に本来の登城道と虎口が残り、東斜面には近江では珍しい畝状竪堀群が築かれた。織田信長と争った朝倉氏による改修の可能性が指摘される。

3 斜め向きの動線で備えた大手道

大手道は正門山《しょうもんやま》から斜面を登り、大門《だいもん》で折れ曲り、西屋敷に達するように伸びる。大手道の側面には土塁が見られ、防御に対する意識を感じられる。

まだある!
とてつもない巨城

U字型の尾根で敵を完全包囲

岩屋城《いわやじょう》

所在地 岡山県津山市中北上　旧国名 美作国

標高483mの山上一帯を要塞化した山城。麓からの比高は300m以上もあり、登るだけでも相当、体力を奪われること必至。山上は初日の出の名所としても知られるように、周囲の眺望が抜群だ。城の最高地点の切岸加工もされたU字型の尾根上には、グルリと曲輪を設けてある。その合間に伸びている、谷間の道を登ってくる敵を一斉攻撃する構造。その下にも帯曲輪をいくつも配置し、二重三重のスキのない防御網を形成している。

別名
―

築城年
1441(永享13)年

主な城主
山名教清
山名氏、大河原氏、
中村氏、蘆田氏、長船氏

遺構
井戸、石垣、曲輪、竪堀、堀切、切岸

攻略のポイント

登り来る敵に三方向から集中砲火

谷間から山上の主要部に入ったところ。手前に帯曲輪、その先に最高地点の尾根上の曲輪が見える。両脇も曲輪に囲まれている。

背後の尾根を分断する二ノ丸北の大堀切

落差、幅ともに４～５mはあるド迫力のスケール。崖と崖に挟まれた空間に立てば、その脅威が実感できる。

まだある！
とてつもない巨城

広大な内郭を外郭で固めた豪快な縄張

新高山城《にいたかやまじょう》

所在地 広島県三原市本郷町本郷・船木　旧国名 安芸国

毛利元就の三男・小早川隆景が、沼田《ぬた》川を天然の濠にした岸壁がそそり立つ峻厳な山上に築いた。尾根や鞍部を巧妙に利用した内郭には、本丸や中ノ丸、東ノ丸、ライゲンガ丸などを配置。山の中腹から飛び出た二つの尾根には、大手道を守るように外郭を配し、山全体を城塞化した。桝形城門を各所に取り入れているのが特徴だ。1596（慶長元）年に廃城となり、隆景が新たに本拠とした三原城（広島県三原市）の築城に、新高山城の石材が使われたとされる。

別名
—

築城年
1552（天文21）年

主な城主
小早川隆景

遺構
石垣、井戸、曲輪、土塁、堀

攻略のポイント

山麓からの攻撃に備え大手道を守った外郭

外郭は斜面の中腹から張り出した二つの尾根を利用した曲輪群で構成される。一部に土塁が残る番所は三つの曲輪から成り、大手道の警固を担当した。

石垣造りの中ノ丸が本丸を包むように防御

中ノ丸は本丸の西側から北側を取り囲む変則的な曲輪で、土塁と大規模な石垣で防御を敷いていた。石垣が崩れた跡が生々しく残り、石材の多くは三原城に運ばれたとされる。

まだある!

とてつもない巨城

石垣も土塁も規格外のスケール

大《おお》野《の》城《じょう》

所在地 福岡県宇美町・太宰府市・大野城市　旧国名 筑前国

一つの山全域を要塞化した城は全国あちこちにあるが、この城は周辺複数の山も取り込んだ広大さ。城域は東西1.5km、南北約3kmにも及ぶ。朝鮮半島からの来襲に備えて築かれたとされる古代山城。断崖や谷間に築かれた高石垣、崖上に土を盛った長大な土塁など、ひとつひとつの遺構のスケールもケタ違いのものばかり。土塁と石垣を組み合わせた太宰府口城門も必見。門扉や門柱こそないが、その形状と礎石はしっかり残っている。

別名
——

築城年
665(天智天皇4)年

主な城主
天智天皇
不明

遺構
石垣、曲輪、土塁、門跡

攻略のポイント

城内最大の「百間石垣」

高さ10mはあろうかという断崖を、随所に石垣を用いて固めてある。鳥が翼を広げたような格好で、横矢も架かっている。

**つけいるスキはゼロ
土造りの「万里の長城」**

太宰府口城門から左手の尾根上に伸びている。写真左側が城内。土造りの城壁として、おそらく日本一の長さだろう。

第四章 謎だらけの個性的な城

序章で触れたように、城の構造にはセオリーがある。だが、中には「こんなのあり？」と思わず首をかしげてしまうような、斬新な遺構が残る城も。いったいどうしてそうなったのか、真実を知るのは築城者のみだ。

苗木城《なえぎじょう》

川べりの断崖上の巨岩に天守が鎮座

所在地 岐阜県中津川市苗木　旧国名 美濃国

標高432mの高森山山頂に築かれた苗木城。随所に露頭する岩盤の上に懸造《かけづくり》で建物を建築していたことが、ほかの城では例を見ない珍しい特徴だ。

城の構造としては、巨石の上に天守を築き、その登城道には大矢倉をはじめ、多くの門や櫓が石垣とともに築かれていた。また、木曽川が背後に位置しており、まさに天然の要害であった。

築城は1520年代に福岡（中津川市福岡）にいた遠山昌利《とおやままさとし》によって、木曽川北部の所領支配を目的に行われた。しかし、信濃国と美濃国が接する地域であったため、16世紀後半、織田信長と武田信玄が勢力争いをこの一帯で繰り広げるようになると激戦地となった。

時の城主であった遠山直廉《なおかど》は織田氏と協力関係であり、信長の妹を迎えていたが、兄に

別名
霞ヶ城、赤壁城、高森城

築城年
1521～1528年（大永年間）
※1526（大永6）年説あり

主な城主
遠山氏

遺構
石垣、井戸、曲輪、空堀、土塁、天守台、櫓台

天守台から三ノ丸方面に大矢倉跡を見下ろす

あたる景任《かげとう》のいる岩村城（P112）が武田氏によって落とされたことから、織田氏に対して不穏な動きをとった。そのため、直廉の没後には信長によって命じられた飯場《いいば》遠山氏が入り、武田氏との緊張関係のなか、城を守り切った。

「本能寺の変」による信長の死後は、東濃の平定を目的とする羽柴秀吉の命を受けた森長可の攻撃を受けて籠城したが、遠山氏は城を明け渡した。

その後、遠山友政は徳川家康につき、18年の歳月を経て、「関ケ原の戦い」の直前に城を奪還した。その功で一万石の城持ち大名となり、江戸時代末期まで遠山氏が国替えとなることなくこの地を治めた。

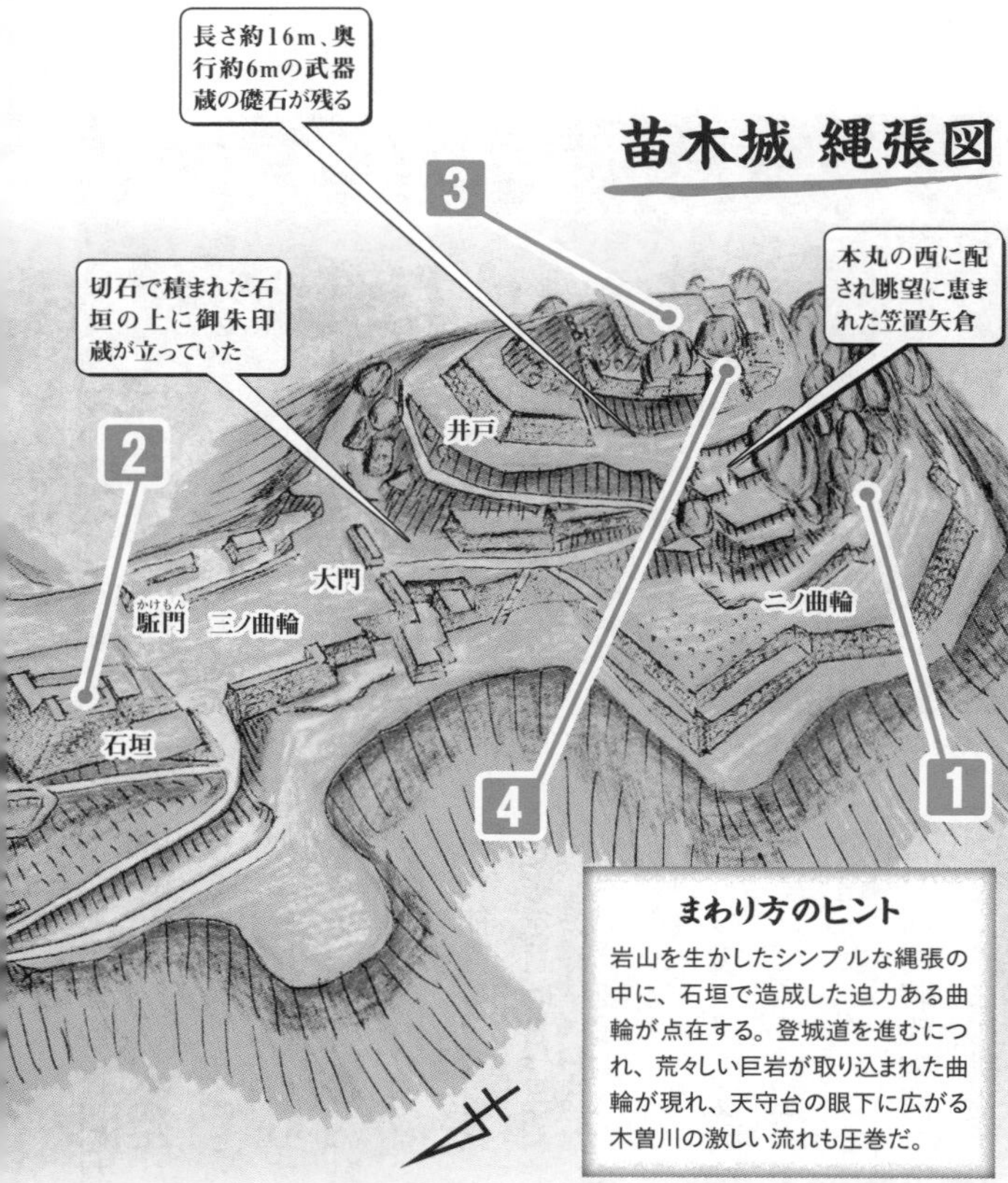

長さ約16m、奥行約6mの武器蔵の礎石が残る
苗木城 縄張図
3
本丸の西に配され眺望に恵まれた笠置矢倉
切石で積まれた石垣の上に御朱印蔵が立っていた
2
井戸
大門
駈門《かけもん》
三ノ曲輪
二ノ曲輪
石垣
4
1

まわり方のヒント

岩山を生かしたシンプルな縄張の中に、石垣で造成した迫力ある曲輪が点在する。登城道を進むにつれ、荒々しい巨岩が取り込まれた曲輪が現れ、天守台の眼下に広がる木曽川の激しい流れも圧巻だ。

4 巨岩を取り込んだ天守建物

二つの巨岩にまたがる形で、三層の天守がそびえていた。むき出しの岩盤に、柱と貫で崖の上に建物を固定し、床下を支える「懸造《かけづくり》」を採用。巨岩上にあった三階部分が、一部復元されている。

攻略のポイント

1 足軽長屋から天守方面を一望する

足軽長屋は石垣によって造成された広場。大量の石垣を積み上げて造った曲輪が苗木城の大きな特徴であり、象徴的なのが天守台だ。むき出しの岩盤の巨石群に石垣を積み、平面を確保している。

2 防衛機能を備えた石垣造りの倉庫

自然の巨石を基盤に石垣を積んだ大矢倉は、17 世紀半ばに三階建ての倉庫として新造された城内最大の建物だ。二～三階には矢狭間が設けられ、北側からの攻撃に備えた。

3 天守からの攻撃を計算した本丸

本丸は天守台より一段低い位置にある。玄関から千畳敷を通り、回り込むようにして南東側から天守台に入った。玄関脇の巨岩には柱穴があり、巨岩にはみ出す形で、建物が立っていたことがわかる。

小幡城《おばたじょう》

標高差はなくとも独自の構造で敵を翻弄

所在地 茨城県東茨城郡茨城町小幡

旧国名 常陸国

極めて技巧的な土の城だが、築城年代や築城者などの詳細は不明。戦国時代の常陸国《ひたちのくに》は、佐竹氏や結城《ゆうき》氏、大掾《だいじょう》氏や江戸氏などが割拠していた。小幡城は常陸国の中央部に位置しており、その重要性が窺い知れる。

伝承によれば、桓武平氏を祖とする豪族・大掾氏が1420（応永27）年ごろに築城したとされる。初代城主の子孫が小幡氏を名乗って城主となったというが、信憑性は薄い。考古学的な調査が行われた結果、15世紀の築城であると推測されている。

16世紀前半までは小幡氏が城主であったが、1532（天文元）年に、小幡義清が江戸通泰《みちやす》に滅ぼされる。小幡城は江戸氏の支配下に入ったと思われるが、確証はない。江戸氏は常陸南部を支配する大掾氏などと敵対していた。小幡城は、そうした敵対勢力への備えと

別名

――

築城年

1420（応永27）年ごろ？

主な城主

大掾氏、小幡氏、江戸氏

遺構

曲輪、土塁、虎口、土橋、変形武者走り

複雑に折れる堀底道はあらゆる角度から攻撃にさらされてしまう

して改修されたのだろうか。少なくとも、小勢力がしのぎを削る常陸国の情勢が、完成度の高い土の城を造り上げたことは確かだ。
小幡城の面白いところは、「土の城らしからぬ低さ」にある。寛政川に面した、舌のような形の台地の東端に築かれているが、その比高はわずか20ｍほど。だが、堀底の道を通って城の内部に入ると、立体迷路のように入り組んでいるのだ。
また、「変形武者走り」と名付けられた、変わった遺構も存在する。主郭の北側にある構造で、空堀に挟まれた土塁の中央部がへこんでいる。堀底道に入り込んだ敵兵に気づかれないよう、城兵を潜ませながら攻撃を加えるために造られたものと思われる。

まわり方のヒント

北東側にある入口から堀底道を道なりに入り込めば、やがて真正面に巨大な崖。ここでまず度肝を抜かれること必至。一ノ曲輪への入口は真反対。右回りでも左回りでも、頭上を意識しながら回ればその迫力をさらに実感できるはず。

小幡城 縄張図

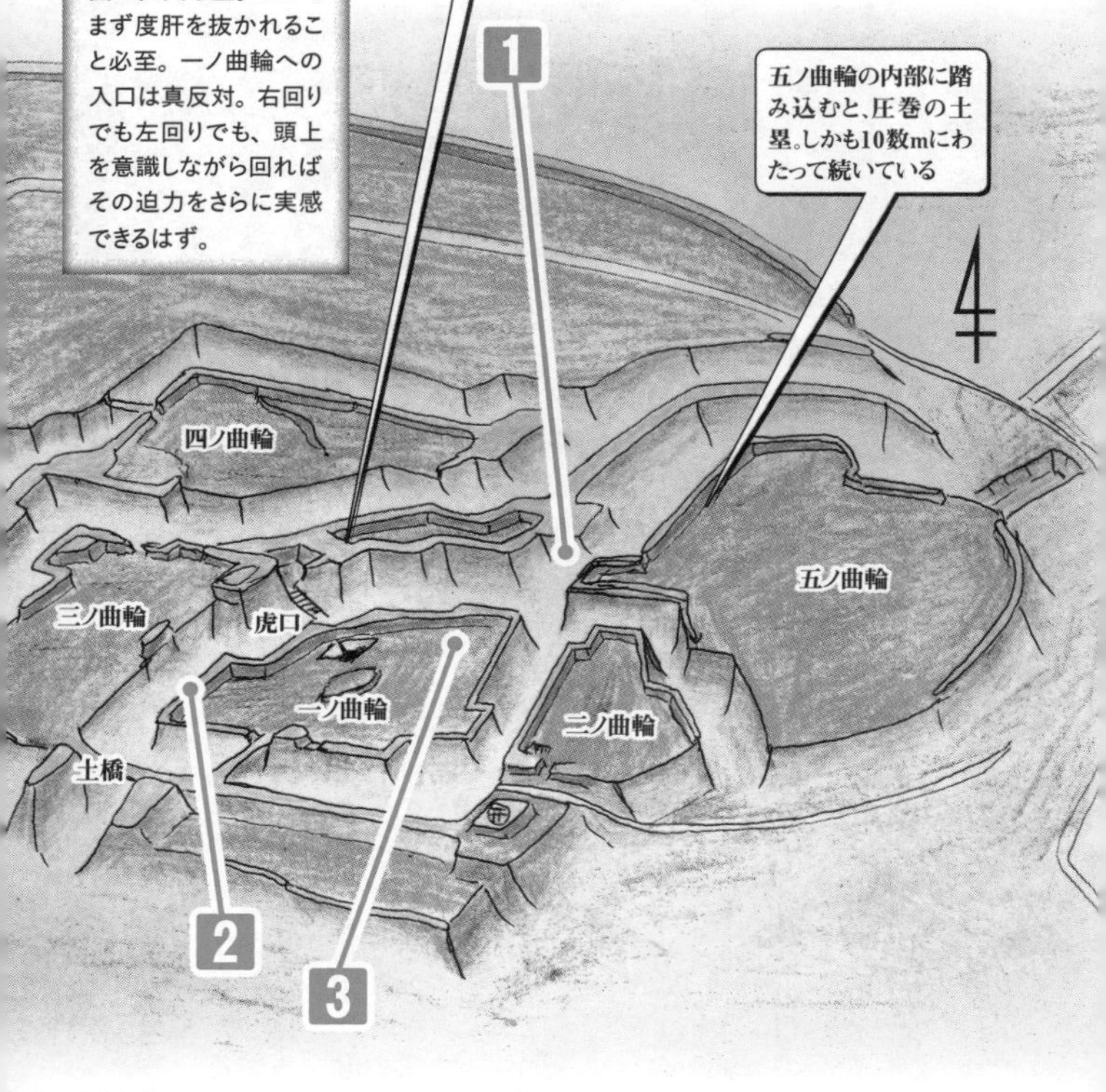
変形武者走り。完全に敵から身を隠して、密かに横移動が可能だ
五ノ曲輪の内部に踏み込むと、圧巻の土塁。しかも10数mにわたって続いている
1
四ノ曲輪
五ノ曲輪
三ノ曲輪
虎口
一ノ曲輪
二ノ曲輪
土橋
2
3

3 視界を切る高低差で優位に土塁を巡らせ完全防備

写真は本丸にあたる一郭を囲む土塁を、内側から見たところ。一郭は城域中央に島のようにあるが、その周囲すべてを土塁で囲ってある。外周の堀底道からは、一郭内はまったく窺い知ることができない。

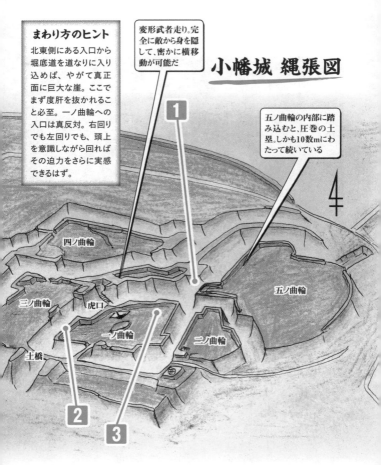

攻略のポイント

1 敵兵を確実に仕留める単純だが恐るべき罠

二重に折れて勢いを削がれた先に、いきなりそびえ立つ巨壁。守備側がこの巨壁の上にズラリ射手を並べて待ち伏せておけば……。まさに「飛んで火に入る夏の虫」だ。

2 折れを駆使した堀底道をはるか上から狙撃する

土塁上に立ち堀底道を見下ろすと、彼我の有利不利が一目瞭然。堀底道をいく侵入者は、前方だけを注視していると、あっという間に殲滅されてしまう。

明智光秀が築いた街道を見張る峻険なる山城

周山城《しゅうざんじょう》

所在地 京都府京都市右京区京北周山町

旧国名 丹波国

大河ドラマの主人公となり、注目を集めている明智光秀。その光秀が築いた周山城は、築城からわずか5年ほどで廃城となってしまった、悲劇の城だ。標高約480mの山上に位置し、京都と若狭を結ぶ周山街道を見下ろす。京の都の北の入口の一つとして、重要な戦略的拠点だった。

1575（天正3）年、織田信長に丹波攻略を命じられた光秀は、およそ5年の歳月をかけて、丹波国各地の国衆の城を攻め落として平定した。そして、丹波国統治における拠点の一つとするために周山城を築き、家臣の明智光忠を城に置いた。

織田信長が築いた安土城は、石造りで天守を擁する近世城郭の先駆けとされているが、周山城はその流れを継いだ織豊《しょくほう》期の城郭だ。山頂部に築かれた天守台のある主郭を中心に、東

別名
——

築城年
1579（天正7）年

主な城主
明智光忠

遺構
石垣、井戸、曲輪、土塁、堀切、虎口

本丸西側の斜面。かつて石垣が築かれた急傾斜に巨石が散らばる

西南北に伸びる尾根に曲輪を設けており、主郭部一帯は各所に石垣造りの城だったことがわかる痕跡が残っている。

しかし、この城はあまり文献などには登場せず、1581（天正9）年8月に、光秀が茶人の津田宗及《つだそうぎゅう》を招いて月見をした記録などがわずかに残るばかりである。

1582（天正10）年、「本能寺の変」で光秀は信長を討つも、わずか10日ばかりのちに「山崎の戦い」で豊臣秀吉に敗れた。光秀の死後、1584（天正12）年2月に羽柴秀吉が入城した記録が残っている。このころまで、秀吉やその部下たちによって使用されていたと考えられるが、その後、廃城に。周山城は破壊されてしまったという。

周山城 縄張図

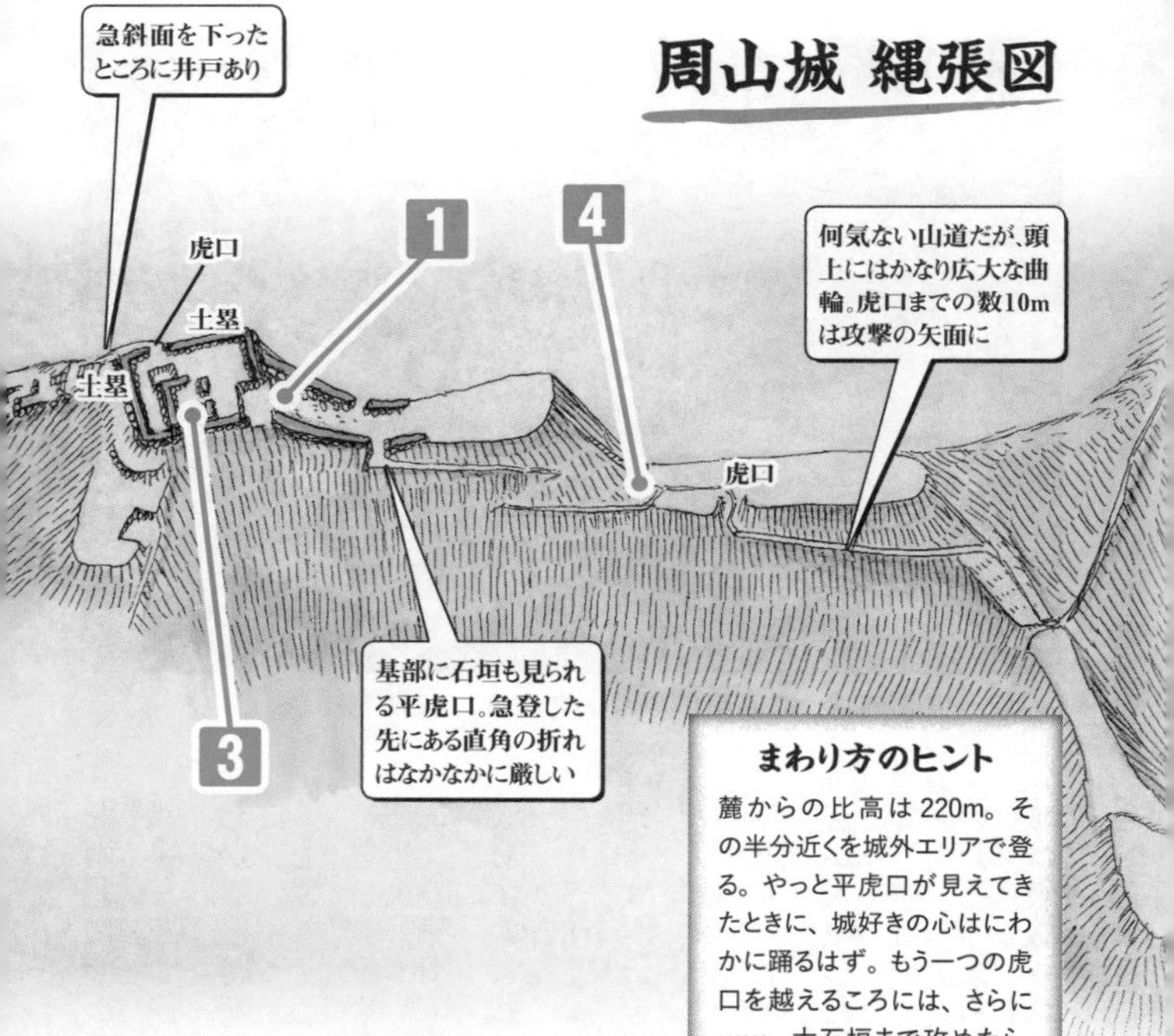

急斜面を下ったところに井戸あり
虎口
土塁
土塁
1
4
何気ない山道だが、頭上にはかなり広大な曲輪。虎口までの数10mは攻撃の矢面に
虎口
基部に石垣も見られる平虎口。急登した先にある直角の折れはなかなかに厳しい
3

まわり方のヒント

麓からの比高は220m。その半分近くを城外エリアで登る。やっと平虎口が見えてきたときに、城好きの心はにわかに踊るはず。もう一つの虎口を越えるころには、さらに……。大石垣まで攻めたら、そこから折り返すのが無難。

4 自然地形も巧みに利用 覆いかぶさるような尾根道

城内への玄関口となる平虎口を抜けると、登城路は左へ折れる。そして反り返るようにも見える急斜面へ。戦意を削がれるが、これを登りきらなければこの城の心臓部へはたどり着けない。

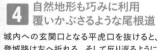

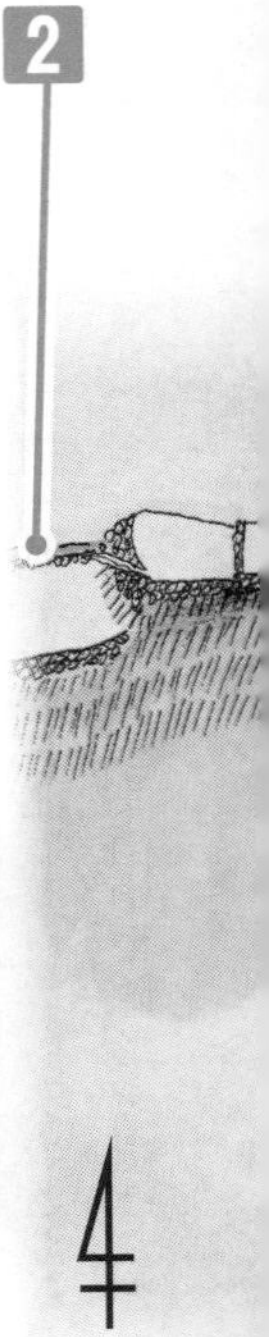

攻略のポイント

1 巨石&土塁で堀底道？ナゾめいた個性派遺構

崩壊したらしき散財する巨石と人工的に盛った両サイドの土塁。往時は石組も活用しながら、もっと高さを稼いでいたのではないか。幅を狭めて突破しづらくしていたのか。両サイドの斜面からの侵入を防ぐためか。

2 城の防御力を高石垣でアップ

城内最大規模の石垣は、意外にも主郭やその周辺からは、少し下ったところにある。自然地形の斜面に加えてさらなる高低差を生む効果はあるが、ここだけになぜ？ という疑問は拭えない遺構でもある。

3 360度グルリ主郭土塁

主郭の中に、さらにぐるりと円形の土塁で囲まれたエリアが設けられている。中央部が凹んでおり、仮にここが主郭だとすると、最後の最後まで手を抜かないスタイルの城だといえる。

桧原城《ひばらじょう》

会津を落とすために存在した要の城

所在地 福島県北塩原村桧原西吾妻

旧国名 陸奥国岩代

別名
小谷山城

築城年
1585(天正13)年

主な城主
伊達政宗、後藤信康(城代)

遺構
空堀、曲輪、土塁、堀切、虎口

城の築かれた標高954mの小谷山は桧原湖の北岸に位置しているが、この桧原湖は明治時代の磐梯山の噴火とともにできたため、築城当時は湖の姿はなかった。土塁で造られた山城で、この地は米沢と会津の境界に近い場所であった。

米沢の伊達政宗は家督を相続した翌年の1585(天正13)年5月3日、米沢と会津を結ぶ米沢道を通り、桧原峠を越えて桧原領へ侵攻した。

当時、桧原を支配していたのは、蘆名《あしな》氏に従う土豪の穴沢《あなざわ》氏。穴沢氏の戸山城と岩山城(いずれも福島県北塩原村)を攻め落として桧原領を略取した政宗は、さらに蘆名勢が立て籠もる大塩の柏木城(福島県北塩原村)へ攻め込もうとした。しかし、政宗は柏木城を落とすことができない。そのまま山中で陣形を取ることも難しかったため、桧原まで引き

上り勾配に加えてカーブを繰り返す城内の堀底道

返して、柏木城を攻める際の前線の城として、桧原城を築城した。

政宗は、蘆名氏の支流で重臣でもあった猪《い》苗代《なわしろ》氏を内応させることを画策したが叶わず、同年6月、米沢へ撤退。家臣の後藤信康《のぶやす》を城代に据え、桧原城を守らせた。その後も、桧原城は境目の城として、柏木城の監視の役目を果たした。

1589（天正17）年、とうとう猪苗代氏が伊達氏に寝返る。伊達軍は磐梯山の裾野に広がる摺上原《すりあげはら》で蘆名氏とぶつかり、桧原城からも柏木城へと攻め入った。この「摺上原の戦い」で大勝した政宗は南奥羽の覇権を手中に収め、蘆名氏が滅びたことで桧原城はその役目を終えて、同年廃城となった。

桧原城 縄張図

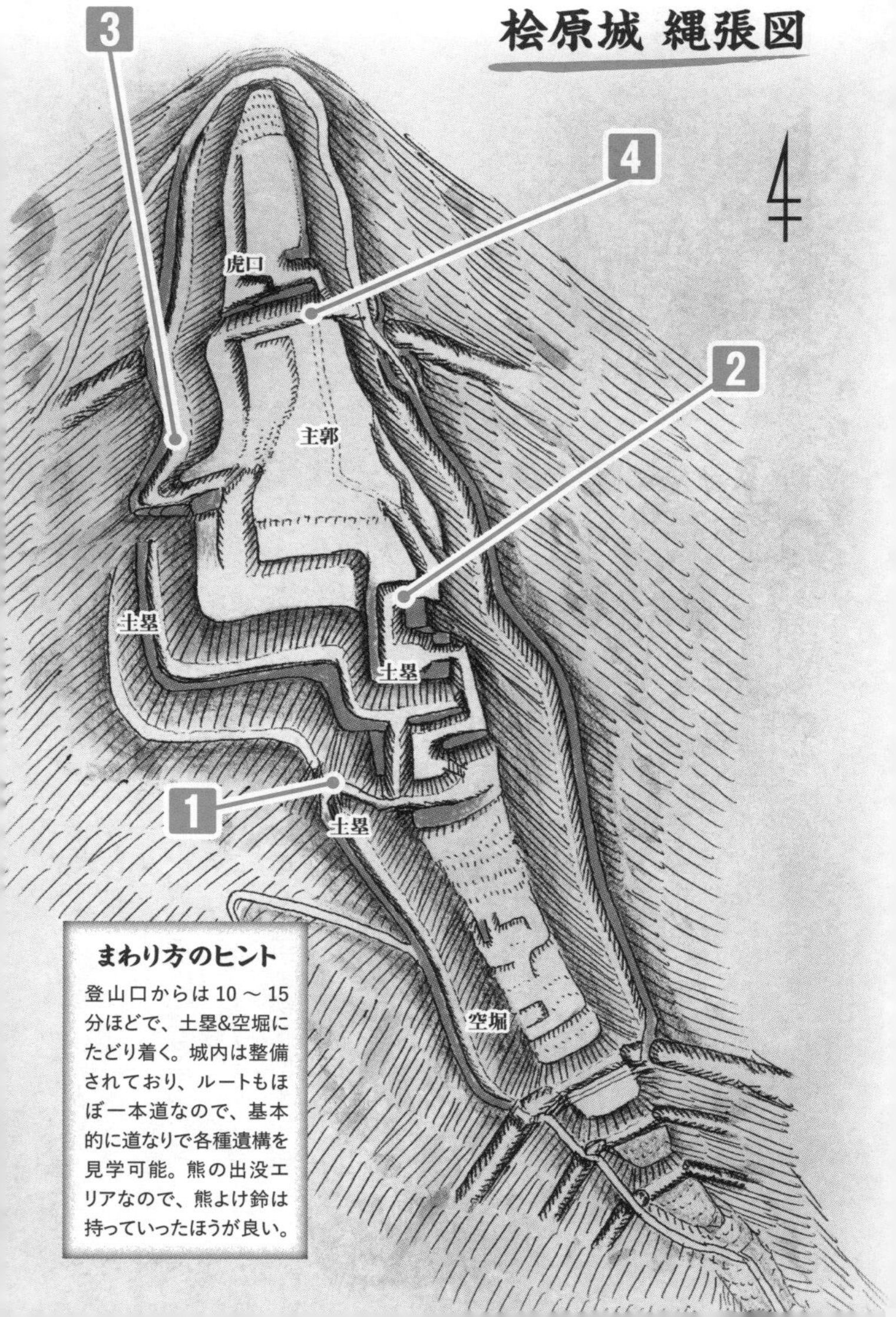

まわり方のヒント

登山口からは 10 ～ 15 分ほどで、土塁&空堀にたどり着く。城内は整備されており、ルートもほぼ一本道なので、基本的に道なりで各種遺構を見学可能。熊の出没エリアなので、熊よけ鈴は持っていったほうが良い。

攻略のポイント

1 城内手前で行く手を阻む長大なる土塁と空堀

城域の入口と思われる場所の外には、斜面に平行するように、かなり長い空堀が掘られている。現在の登山道はちょうど、その脇の土塁上に伸びている。

2 侵入者のルートを限定し狙い撃ちで各個撃破

幅の広い尾根を堀底道風にアレンジ。緩やかな勾配と、折れ曲がる進路。インパクトはないが、心理的な不安感も抱かせる構造。攻め手は一列縦隊で進む以外にない。

3 尾根以外もぬかりなし端から端までの長大空堀

西側斜面にスキなく構築された、長大な空堀。写真右側が城内。落ち葉で埋もれてしまっているが、往時はかなりの鋭さを保っていたと思われる。

4 飛んで火に入る夏の虫敵兵は自動的にこの場所へ

主郭と思われる城内最大の曲輪と、北に位置する第二の広さを持つ曲輪を隔てるのは、しっかりとV字に削られた堀切。第二の曲輪先からも登城路があるが、ここに吸い寄せられる。つまり堀切という「罠」に自動的にかかる仕掛け。

山上の要塞群はなぜ機能しなかった？

埴原城《はいばらじょう》

所在地 長野県松本市中山　旧国名 信濃国

信濃国（長野県）の中央部に位置し、かつて国府の置かれていた松本盆地。中世の武家・小笠原氏は、南北朝時代に足利尊氏に仕えて信濃国守護に任じられ、現在の松本市周辺に地盤を築いた。１５３４（天文３）年、小笠原長棟《ながむね》は一族の内紛を治めたあと、本拠地を松本盆地の南東部にある林《はやし》城に移した。周辺には本城を取り囲むように支城群があり、埴原城・山家《やまべ》城・桐原《きりはら》城の３城が「小笠原氏城跡」として県史跡に指定されている。

そのうち、埴原城は府中小笠原氏の配下である埴原氏（村井氏）の居城であった。小笠原氏の城の中でも、特に大規模で複雑な縄張である。例えば、多数の尾根筋にいくつも鋭い堀切を造り、削った土を土塁にしている。主郭の周辺には大規模な石積みも見られる。武田氏の信濃侵攻の脅威のもと、危機感をもって防備を固めていたのだろう。

別名
――

築城年
不明

主な城主
埴原氏（村井氏）

遺構
石垣、井戸、曲輪、土塁、堀切、畝状竪堀

城内最大で主郭と思われる曲輪南側には見事な石垣が現存

見る者を圧倒する堅城ではあったが、小笠原氏は結局それを生かすことはできなかった。1550（天文19）年、林城をはじめとする城郭群は、武田信玄によって攻略され、小笠原長時（長棟の子）は没落する。『高白斎記』という史料によれば、この時「イヌイの城」がまず落城し、間もなく、林城や桐原城、山家城などが自落したという。最初に落城した「イヌイの城」は埴原城のことだとされるが、確実なことはわからない。

せっかくの堅固な城郭群は、なぜ役立たなかったのか。中世の戦国大名は在地領主の盟主的存在で、家臣団といっても強い結束はなかった。埴原城に籠った小笠原氏の配下も、あまり戦意は高くなかったのだろうか。

埴原城 縄張図

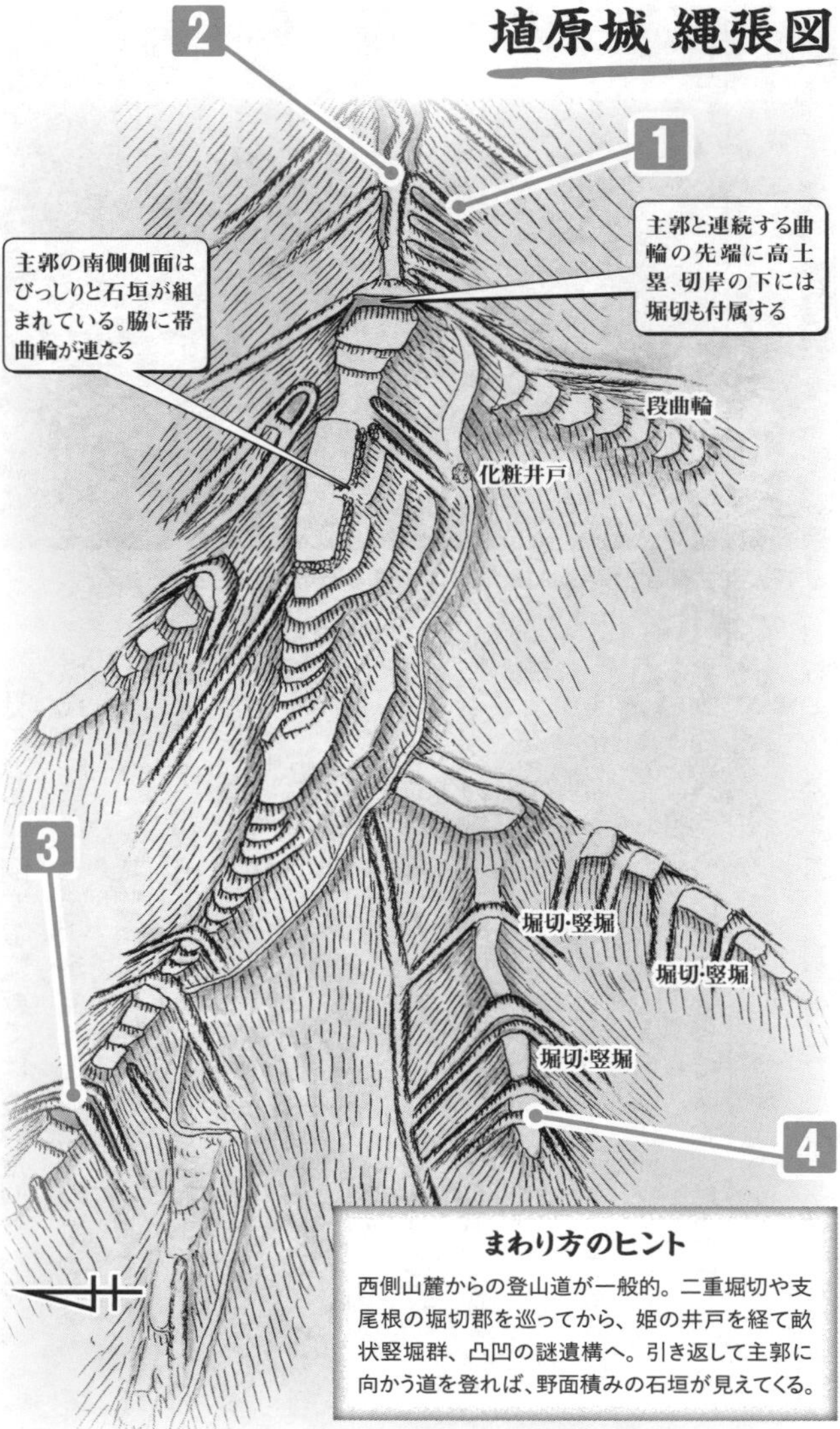

2
1
主郭と連続する曲輪の先端に高土塁、切岸の下には堀切も付属する
主郭の南側側面はびっしりと石垣が組まれている。脇に帯曲輪が連なる
段曲輪
化粧井戸
3
堀切・竪堀
堀切・竪堀
堀切・竪堀
4

まわり方のヒント

西側山麓からの登山道が一般的。二重堀切や支尾根の堀切郡を巡ってから、姫の井戸を経て畝状竪堀群、凸凹の謎遺構へ。引き返して主郭に向かう道を登れば、野面積みの石垣が見えてくる。

攻略のポイント

1 急斜面にビッシリ 圧巻の畝状竪堀群

自然地形のままの急斜面でも十分に防御力を発揮できそうだが、そこに連続する畝状竪堀群が、尾根から麓へ向けて延々と掘られている。足を取られ転げ落ちる兵士の姿が目に浮かぶよう。

2 凸凹で前進を防ぐ 独創的な防御構造

城の東端部分は畝状竪堀群の上端が盛り上がり、凸凹で前進しづらくしているという、ほかの城では見られない特殊形状。写真奥の切岸上からの攻撃を避けながら前進しなければならない。

3 土塁を乗り越えても 二重堀切で翻弄される

尾根をきっちり二条、絵に描いたような典型的な二重堀切。現在の登山道はS字カーブで登っているが、往時はこの道はなかったのではないかと思われる。

4 尾根上に連続する おびただしい数の堀切

埴原城の西側は、複数の尾根が分岐しているが、それぞれにしつこいぐらいに堀切が何条も切られている。深さはそこまでではないが、体力を奪い足元をおぼつかなくさせるには十分だ。

高天神城攻めの陣城は謎だらけの構造

小笠山砦《おがさやまとりで》

所在地 静岡県掛川市板沢

旧国名 遠江国

東海道沿いの要衝にあり、たびたび激戦の舞台となった高天神城（P28）。城自体が峻険な上、当時の城付近の低地には海水が入り込み、極めて攻めにくい城だった。1574（天正2）年に武田勝頼が攻め落としたのちに改修が加えられ、さらに堅城となった。

これほどの城を力攻めしても、味方の損害を増すばかりである。高天神城奪還を目指す徳川家康は、城を遠巻きに包囲して補給路を断つ作戦に出る。そのために築かれたのが、小笠山砦をはじめとする「高天神六砦」である。

小笠山砦は、高天神城の約5㎞北北西の小笠山にある。比高は200mほどで、六つの砦のうち最も規模の大きな山城である。1569（永禄12）年にも、家康は今川氏の掛川城攻めの際に小笠山に布陣したという。高天神城攻めの際の砦は、1576（天正4）年

別名
小笠城

築城年
1568(永禄11)年
1576(天正4)年に改修

主な城主
徳川家康、石川康通

遺構
空堀、曲輪、竪堀、土塁、堀切、土橋、横堀

今にも崩れそうなほど細い、城内中央部にある土橋

に改修が始まった。小笠山砦を起点に、時計回りに能ヶ坂砦、火ヶ峰砦、獅子ヶ鼻砦、中村山砦、三井山砦を構築。さらに、高天神城の西方に横須賀《よこすか》城を築き、家康の本陣とした。文字通り蟻の入るすきもない包囲網を形成したのである。

武田勝頼も、高天神城への補給路維持のために相良《さがら》城を築城するなど、対抗した。しかし、1580（天正8）年までに家康の包囲網は完成し、高天神城は孤立してしまう。当時の武田氏は北条氏とも敵対しており、援軍を送る余裕はなかった。1581（天正9）年、守将の岡部元信ら城兵は城外に突撃を試み、ことごとく討ち死にした。5年におよぶ攻防の末、家康は高天神城を奪回した。

小笠山砦 縄張図

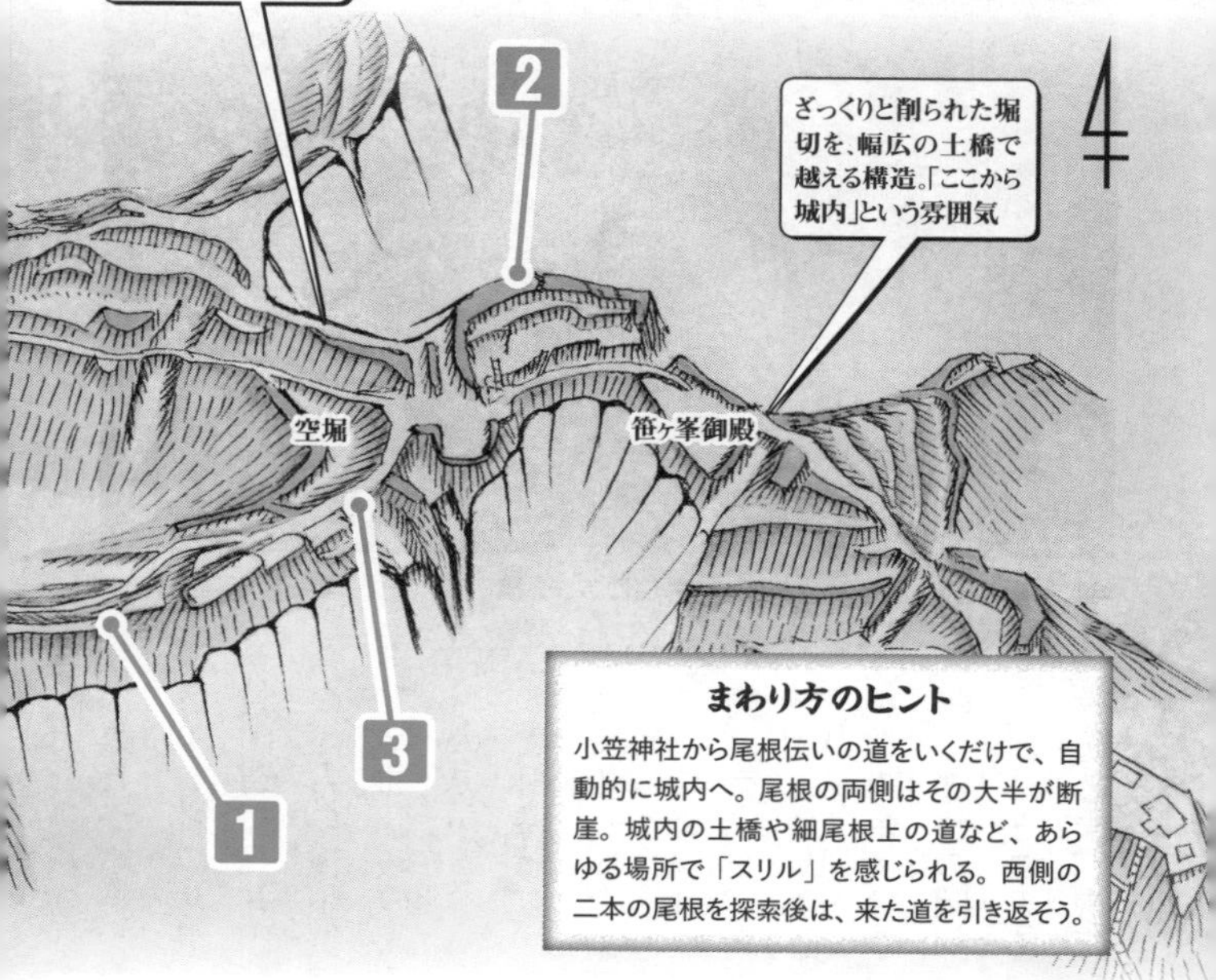
城内で最も細い尾根。バランスを崩したら崖下に真逆さま
2
ざっくりと削られた堀切を、幅広の土橋で越える構造。「ここから城内」という雰囲気
空堀
笹ヶ峯御殿
3
1

まわり方のヒント

小笠神社から尾根伝いの道をいくだけで、自動的に城内へ。尾根の両側はその大半が断崖。城内の土橋や細尾根上の道など、あらゆる場所で「スリル」を感じられる。西側の二本の尾根を探索後は、来た道を引き返そう。

3 土橋と堀切を駆使し侵入をシャットアウト

南西側からの侵入はここで阻止。土橋の両端は、人工的に削られたものと思われる。写真左側は明確な堀切。その先には竪堀も伴っている。

攻略のポイント

1 野生動物でもムリ 恐ろしすぎる断崖

断崖絶壁の上端部が、高土塁のようになっている。自然地形のままか、加工が施されているかは不明。高所恐怖症の人が見たら、気絶してしまいそうなほどの落差と角度。

2 自然地形を生かした 攻撃性も備えた高土塁

尾根だった部分にさらに土を盛り土塁とし、強靭化したと思われる。土塁上は比較的幅が広く、城内側は段々に。城兵を張り付かせ外部を攻撃させるのに役立ちそうだ。

人里離れた山奥に築かれた山城の謎

高取山城《たかとりやまじょう》

所在地　滋賀県彦根市男鬼町

旧国名　近江国

滋賀県の山間部にある男鬼《おおり》集落は、今や廃村となった秘境の地。その南方にあるのが高取山城、別名男鬼入谷城《おおりにゅうだにじょう》だ。歴史の舞台になったことはなく、築城者や年代など、詳細はまったく不明である。1980年代の「滋賀県中世城郭分布調査」でも見つからず、2000（平成12）年になって「発見」されたというから驚きである。

城がある地点は標高685m付近で、街道からも遠いかなりの山奥。なぜこのような場所に城を築いたのかは不詳である。もっとも、山奥にあるおかげか、周囲3㎞におよぶ広大な山城の保存状態は良好だ。

この城を築いたのは誰だったのか。彦根藩にあった城の主を記した江戸時代の史料『大洞弁財天当国古城主名札』には、「男鬼城主川原豊後守」とある。だが、この山城と「男鬼

別名
男鬼入谷城

築城年
不明

主な城主
川原豊後守?

遺構
曲輪、竪堀、土塁、堀切、切岸、虎口

東側の尾根に連なる段曲輪群

城」が一致するのか、「川原豊後守」が一体どの大名の配下なのかは謎に包まれている。
もしかすると、縄張が謎を解く手がかりになるかもしれない。腰曲輪や堀切は東～南方面に造られ、堅い守りになっている一方、北西方面の守りは薄い。これに史実を突き合わせ、築城者を京極氏と考える見解もある。
京極氏は北近江の名門だったが、1523（大永3）年に家督争いが起き、実権を浅井氏に奪われた。平野部を追われた京極高広は、山間部に勢力を保ち、南近江の六角氏と争う。この高広が拠点としたのが高取山城なのではないか、という説がある。守りが堅い方角に、敵である六角氏の支配地があったから、というわけだ。

まわり方のヒント

麓にある廃村・男鬼集落までもひと苦労。神社からの道はかなり危ういので、二輪車以外は麓から歩いたほうが無難。20 分ほどで比婆神社、さらにそこから尾根伝いで 20 ～ 30 分ほど。城の姿が見えるだけで感動を覚えるはず。城内はまず主郭を目指し、支尾根に寄り道しつつ引き返したい。

高取山城 縄張図

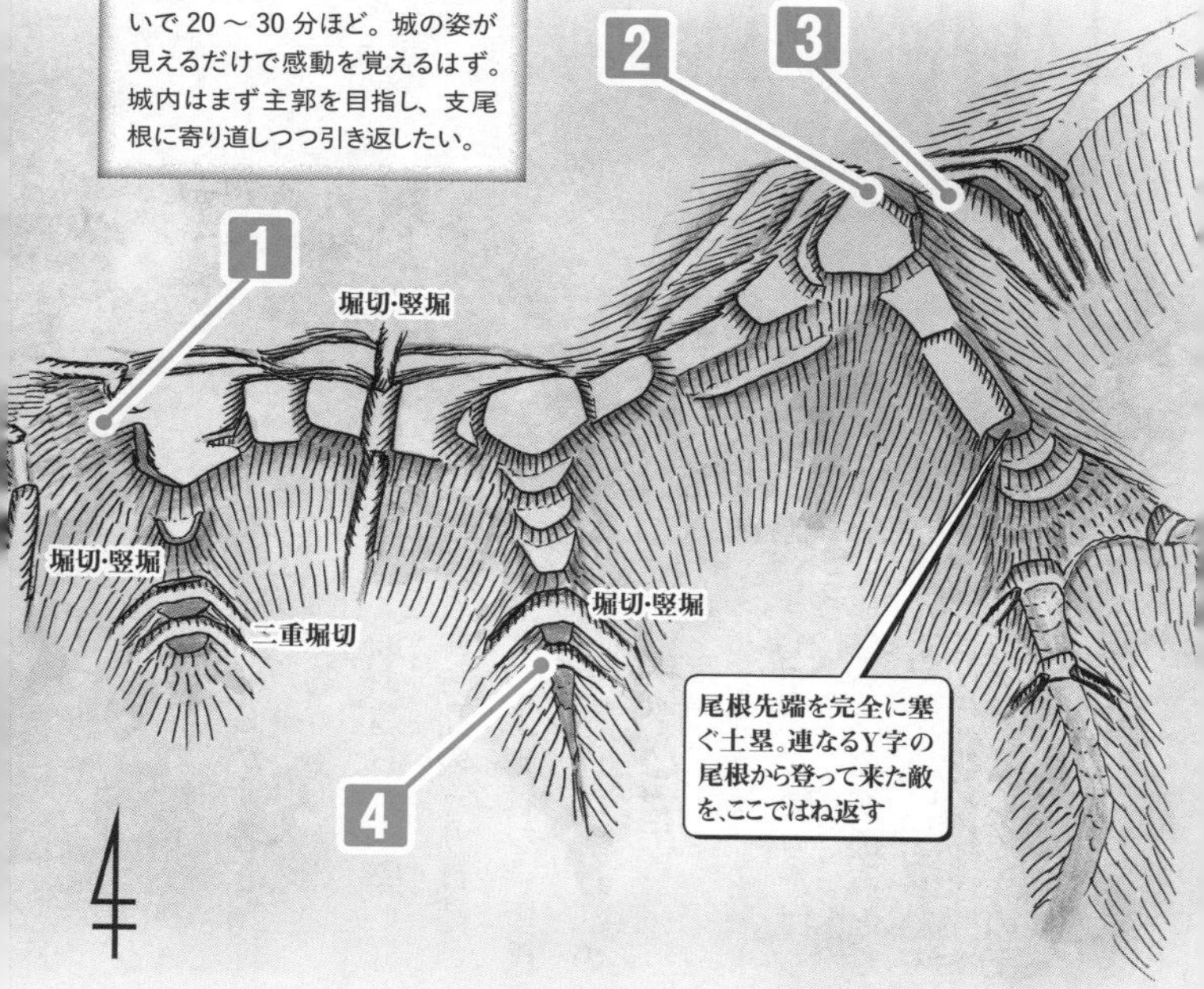

1
2
3
堀切・竪堀
堀切・竪堀
二重堀切
堀切・竪堀
4
尾根先端を完全に塞ぐ土塁。連なるY字の尾根から登って来た敵を、ここではね返す

4 細部まで抜かりなし 支尾根を守る二重堀切

尾根上の大きな曲輪から、連続する小ぶりの段曲輪が続き、さらにその先に二重堀切。長年の堆積物のせいもあってやや浅いが、ゆるく弧を描いた遺構がはっきりわかる。

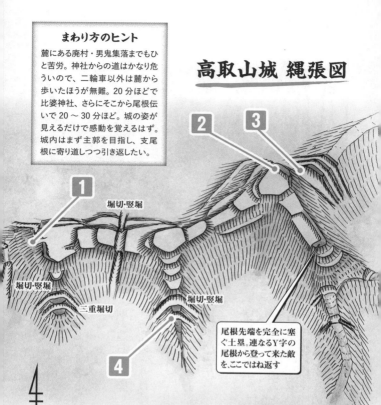

攻略のポイント

1 平虎口にとりつくまで急斜面を這い上がる

トラロープを頼りに、滑りやすい急勾配を登る。斜面上に見えるピークが、高取山城の西端。わずかに凹んで見えるところが平虎口で、ここから城内へ入る。

2 三重堀切を突破しても土塁が立ちはだかる

城内の最高所で、主郭と思われる曲輪には、北東側だけにしっかりと土を固められた土塁が築かれている。その先には三重堀切もあり、こちらの尾根からの攻撃を強く意識していたことがわかる。

3 鋭さ抜群の堀切が三連続で尾根を切る

三重堀切のうち、最も大きいものが主郭側に。写真左側の傾斜の上が主郭。三つの尾根のうち、ほかの二つは曲輪が連なるが、この尾根にはない。ゆえに堀切で防御力を強化したのだろうか。

長大な登城路中に仕掛けられた巧みな罠

石見七尾城《いわみななおじょう》

所在地 島根県益田市七尾町
旧国名 石見国

石見国で影響力を持った益田氏の居城。約400年の歴史を持つ居館を備えた城である。北側に向けてY字型に見える尾根約600mを城域とした並列連郭式の城郭であり、曲輪が20以上、畝状竪堀が多用されていることが特徴だ。北西と北東に伸びた尾根南側の結節部には、城の中心となる本丸があった。

11世紀に石見国府に赴任した藤原氏が益田に本拠を移し、藤原から益田へと姓を変えた時期に築城されたとする石見七尾城は、時代とともに城の規模を拡張してきた。実戦の舞台となったのは南北朝時代に三隅氏に攻められた際のみである。

益田氏にとって大きな転機になったのは1555（弘治元）年の「厳島の戦い」である。大きな同盟相手であった山口の陶晴賢《すえはるかた》が、広島を勢力下に置く毛利元就の攻撃を受けて戦

別名
益田城

築城年
1192（建久3）年？
1551（天文20）年改修

主な城主
益田氏

遺構
井戸、曲輪、土塁、堀切、畝状竪堀

本丸（手前）とニノ丸（奥）は同一尾根に連なっている

死したことで、益田氏が対立する吉見氏をはじめ、多くの石見国内の勢力が毛利氏について孤立状態となった。そのため益田藤兼《ふじかね》は石見七尾城を現在に伝わる姿へ大改修した。しかし、毛利側の吉川《きっかわ》元春《もとはる》に領土安堵を条件に降伏することを決め、毛利氏勢力の一員として益田を治め続けることとなった。

その後、「関ケ原の戦い」後に毛利氏の山口への移動に同行したため、1600（慶長5）年に石見七尾城は廃城となった。2006（平成18）年、毛利氏勢力として過ごした居館である三宅《みやけ》御土居《おどい》跡《あと》とともに、中世豪族の城と館がセットで残る貴重な事例として、国史跡に登録された。益田市街地には今も中世城下町としての面影が残る。

石見七尾城 縄張図

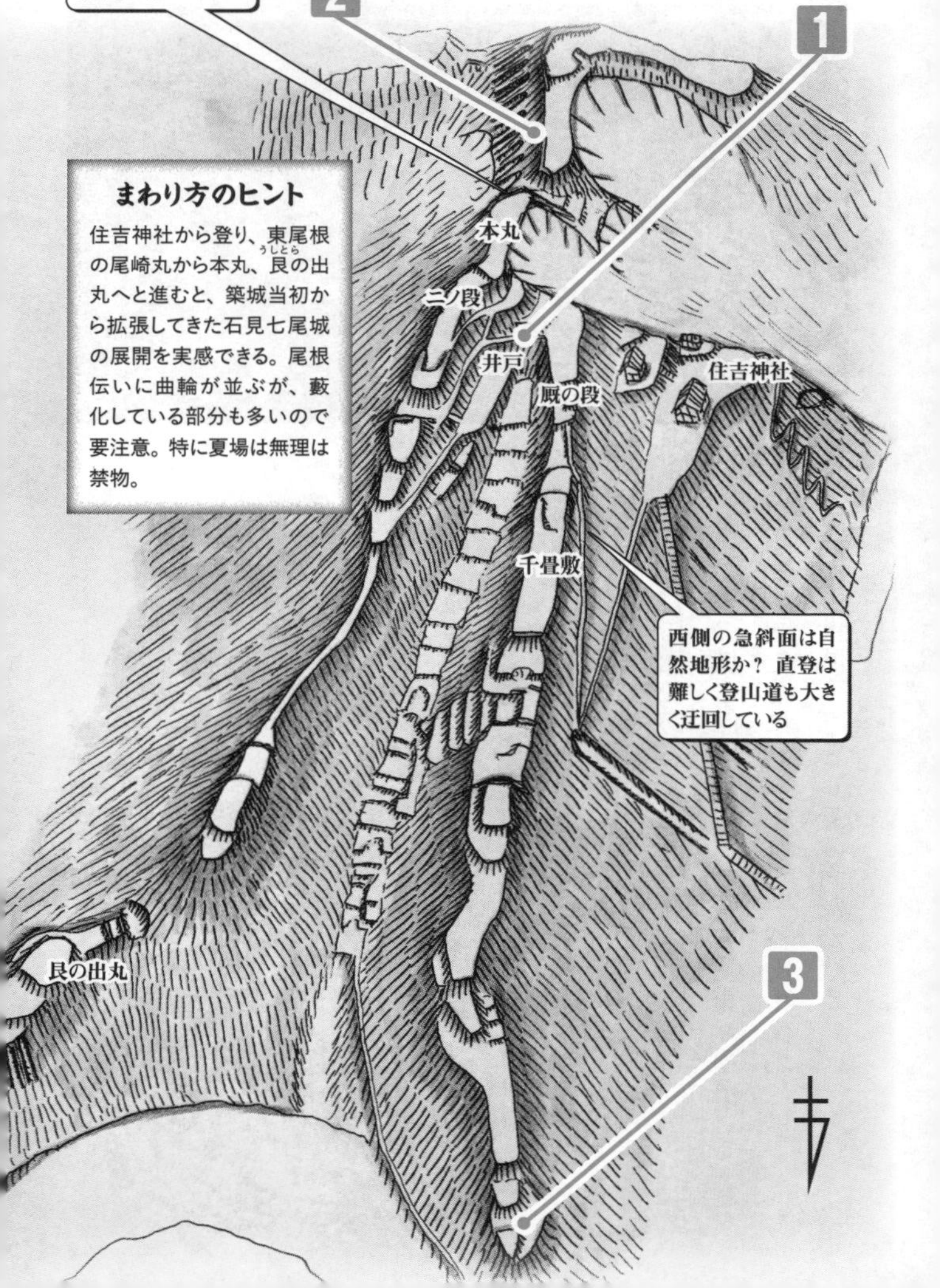
本丸背後は城内最大の大堀切で遮断されている
2
1
本丸
ニノ段
井戸
厩の段
住吉神社
千畳敷
西側の急斜面は自然地形か？ 直登は難しく登山道も大きく迂回している
艮の出丸
3
キ

まわり方のヒント

住吉神社から登り、東尾根の尾崎丸から本丸、艮《うしとら》の出丸へと進むと、築城当初から拡張してきた石見七尾城の展開を実感できる。尾根伝いに曲輪が並ぶが、藪化している部分も多いので要注意。特に夏場は無理は禁物。

攻略のポイント

1 進行路を湾曲させ頭上から徹底攻撃

城内に入ると、谷間に沿うように道が大きくU字型にカーブする。勢いを削いだところを、本丸や二ノ丸から狙い放題だ。

2 出丸側面を覆う畝状竪堀群

大堀切を隔てて南のピークに出丸あり。土塁と畝状竪堀群の配置から、東側斜面からの攻撃を特に警戒していたのがよくわかる。

3 南北朝時代の堀切や土塁が残る尾崎丸

尾崎丸の「北尾崎の木戸」は、南北朝時代に三隅氏に攻められたと伝わる。築城当初は丘陵北西側の尾根を中心とした小規模な城であり、その痕跡である堀切や土塁を見ることができる。

琉球で最大規模かつ技巧派の名城

今帰仁城《なきじんぐすく》

所在地 沖縄県今帰仁村今泊
旧国名 琉球国

別名
北山城

築城年
13世紀末

主な城主
怕尼芝、珉、攀安知

遺構
石垣、井戸、曲輪、門跡

首里城や中城城《なかぐすく》、勝連城、座喜味城《ざきみぐすく》とともに、世界遺産「琉球王国のグスク及び関連遺産群」に登録された今帰仁城。外壁も含めた総面積は3万7000㎡であり、沖縄県最大の城だ。城郭は大小10の曲輪で構成されている。本土の城とは異なり、石垣は曲線を描き、曲輪の外周をぐるりと囲むような構造。周辺には出城や志慶真川《しげまがわ》があることから、かなり強固な城だったといえる。

14世紀、沖縄本島は北山《ほくざん》・中山《ちゅうざん》・南山《なんざん》の三つの勢力による戦国時代の最中だった。そのうちの北山で、1383年に今帰仁城を拠点に怕尼芝《はにじ》が北山王を名乗り、以後三代がこの地を統治した。

しかし、琉球全土を統一しようと何度も攻めて来ていた、首里城主の中山王尚巴《しょうは》氏が

外郭から波打つように城壁が伸びる大隅をのぞむ

１４１６年、賄賂により、同じ北山に所属していた国頭《くにがみ》、名護《なご》、羽地《はねじ》の按司《あじ》（豪族の首長）を味方につけて、再度攻めて来た。裏切られた時の城主攀安知《はんあんち》は、数１０００の軍勢に対してわずか17騎で迎え撃ったという。この戦により北山王は敗北、自害。支配する一帯は、尚氏による統一王朝に編入された。

その後、統一王朝のもとでも利用され続けることになったが、１６０９年に薩摩藩による沖縄本島最初の侵略地として攻められた。この進軍に対し、琉球王朝は力の差を見せられ戦意喪失。城は炎上し落城となる。その後も利用され続けたが、１６６５年に廃城となった。以降は、聖域・拝所として保全され現在に至っている。

今帰仁城 縄張図

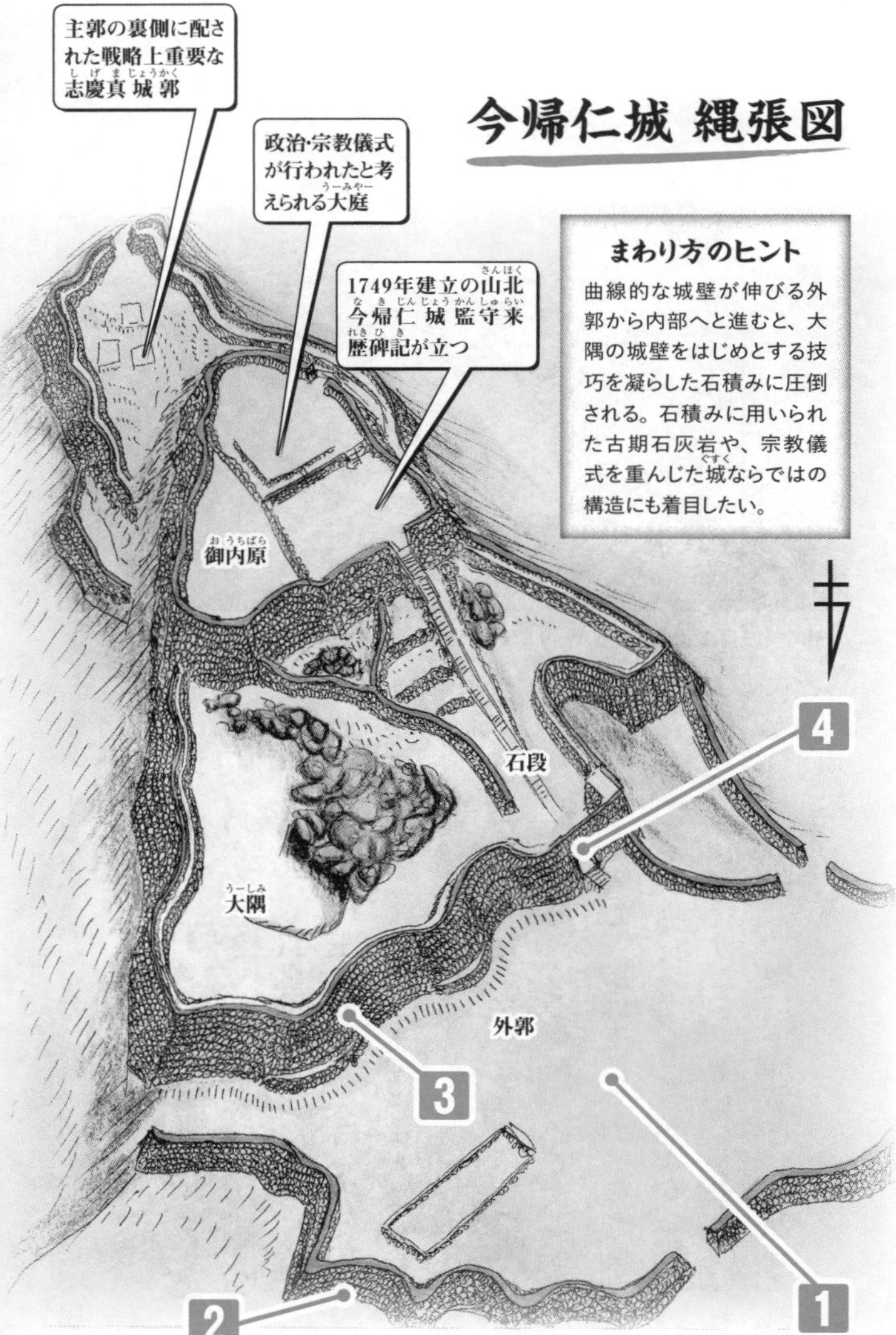

主郭の裏側に配された戦略上重要な志慶真城郭《しげまじょうかく》
政治･宗教儀式が行われたと考えられる大庭《うーみやー》
1749年建立の山北《さんほく》今帰仁城監守来《なきじんじょうかんしゅらい》歴碑記《れきひき》が立つ
御内原《おうちばら》
石段
大隅《うーしみ》
外郭
4
3
2
1

まわり方のヒント

曲線的な城壁が伸びる外郭から内部へと進むと、大隅の城壁をはじめとする技巧を凝らした石積みに圧倒される。石積みに用いられた古期石灰岩や、宗教儀式を重んじた城《ぐすく》ならではの構造にも着目したい。

攻略のポイント

1 古期石灰岩を使用し 堅牢さはグスク屈指

沖縄の城《ぐすく》の多くは数万～数十万年前の琉球石灰岩を用いているが、今帰仁城の石材は2億年以上前の古期石灰岩であるため、一部にアンモナイト化石を含み、城内に展示されている。琉球石灰岩に比べて、古期石灰岩は硬い。

2 横矢を計算した!? 外郭の波打つ城壁

外郭には高さ2m前後の石垣が蛇行して伸び、なだらかな傾斜面を利用して連なっている。城壁に一定の間隔をあけて突出部を設け、城壁に迫る敵をさまざまな方向から迎え撃ったと考えられる。

3 城内最大級の 城壁を備えた大隅

大隅に築かれた高さ約8mの城壁は、外郭と同様に曲線を描き、張り出し部分を構成している。大隅は戦時に備えて馬を養い、兵馬を訓練した場所と伝えられる。

4 城壁と一体化した 実戦的な大手門

大手門にあたる平郎門《へいろうもん》は城壁の中に埋め込まれ、両脇に各2カ所の狭間を備え、往時には望楼が立っていたとされる。現在の平郎門は1962（昭和37）年の琉球政府時代に修復したもの。

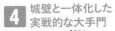

まだある!
謎だらけの
個性的な城

貯水のための高石垣!?

大給城《おぎゅうじょう》

所在地 愛知県豊田市大内町城下　旧国名 三河国

三河国を本拠とし、後に天下人となった松平（徳川）家康。松平家の発祥の地が奥三河の松平荘で、その入口にあたる地、標高207mの岩山に築かれている。岩盤や巨石を巧みに生かした遺構が城の各所に。特に注目すべきは、貯水池として利用していたという城の北東側の幅の広い谷間。ダムの堰堤のようになった高石垣が、二段に連なっている。水利目的とともに、谷の下方から登ってくる敵を食い止める防御壁としても機能していたのだろう。

別名
――

築城年
15世紀末

主な城主
長坂新左衛門、
尾久松平氏

遺構
石垣、曲輪、土塁、堀切、櫓台、貯水池

攻略のポイント

ダム機能を兼ね備えた高石垣

谷を野面積みの石垣で塞ぎ、その上の貯水池に雨水を溜める仕組み。これだけの石垣が組めるのは、岩山の山城ならでは。

玄関口を死守する
落差数mの大堀切

城西側の入口に、城内最大の堀切が切られている。そこかしこに巨石が転がっているので、往時は石垣で斜面を強化していたと思われる

まだある！謎だらけの個性的な城

辺境の地に不釣合いな技巧

萩城《はぎじょう》

所在地 石川県珠洲市上戸町寺社　旧国名 能登国

築城者も城主も不明で、北陸の秘境、能登半島の最奥部。記録もほぼ残されておらず、いったい誰が、何の目的で築いたのか不明だが、小さいながらも技巧に優れた城だ。南側の旧尾根の側面には数条の畝状竪堀が見られ、そのまま尾根上の堀切にも続いている。主郭の北側は湾曲した鞍部になっており、さらにその北のピークにも曲輪あり。鞍部から攻め上がってくる敵は、主郭とその曲輪で挟み撃ちにできる構造になっている。

別名
――

築城年
不明

主な城主
不明

遺構
空堀、曲輪、土橋、堀切、畝状竪堀、虎口

攻略のポイント

畝状竪堀で斜面を防御する

畝状竪堀のひとつを下から見上げたところ。左手奥が主郭。竪堀の上端は右写真の土橋・空堀部分に繋がっている。

土橋と堀切で細尾根をさらに狭める

主郭南側は平虎口になっており、その先に堀切と土橋。向かいの小曲輪を占拠してもその先に進むのはなかなか難しい。

まだある！謎だらけの個性的な城

二度の破城に遭った清正時代の城

佐敷城《さしきじょう》

所在地 熊本県葦北郡芦北町佐敷　旧国名 肥後国

　加藤清正の重臣・加藤重次《しげつぐ》が城代を務め、肥後・薩摩国境に近い佐敷川河口に築いた。本丸、二ノ丸、三ノ丸は総石垣造りで構成され、多用された桝形虎口が実戦的で、境目の城としての緊張感がただよう。1615（元和元）年の「一国一城令」、1637（寛永14）年の「天草・島原一揆」の二度にわたって破壊されたため、実態は謎に包まれているが、桐紋の鬼瓦や、「天下泰平」銘の鬼瓦が出土していることから、豊臣政権が重要視していたことが窺える。

別名
佐敷花岡城

築城年
南北朝時代後期？

主な城主
佐敷氏、相良《さがら》氏、加藤重次

遺構
石垣、曲輪、喰違虎口、桝形虎口

攻略のポイント

技巧が凝縮された本丸に近い搦手門

本丸真下の搦手門には、鍵状に折り曲げた喰違虎口や、小刻みな桝形を設け、防御性を高めている。石垣に挟まれた狭い登城道では、敵を密集させて動きを鈍らせたと考えられる。

本丸内部を突き抜ける謎の通路の正体は？

大手に当たる東門は石垣造りで桝形を形成し、大きな門柱の礎石跡から櫓門が立っていたと考えられる。東門とつながる通路は本丸を突き抜け、搦手側に移動できる不思議な構造となっている。

第五章

知られざる隠れた名城

知名度は高くなくても、足を運べば必ず満足できる城や、著名な城の裏に潜む、一時代前の旧城を紹介する。全国にある城の数は3万とも4万ともいわれる。魅力あふれる城は、まだまだある。

兄弟の不仲で築いた城が一族の本拠地に

烏山城《からすやまじょう》

所在地 栃木県那須烏山市城山　旧国名 下野国

別名
臥牛城

築城年
1417（応永24）年
※1418（応永25）年説もあり

主な城主
那須氏、織田氏、成田氏、堀氏、大久保氏

遺構
石垣、曲輪、土塁、堀切、門跡

烏山城の歴史は、那須《なす》一族の兄・那須資之《すけゆき》と弟・沢村五郎資重《すけしげ》の不仲から始まっている。資重は、家督を継いでいた沢村城を追われ、下境《しもざかい》の稲積《いなづみ》城に移ったのちに、烏山城を築いて新たな拠点とした。

烏山城は、八高山《はっこうさん》と呼ばれる標高206ｍの喜連川《きつれがわ》丘陵の一支脈に位置する。那珂《なか》川、江川《えがわ》、荒川といった河川と、北側の大小の谷が入り組む丘陵地帯が防衛に有利な地形を作り出しており、周辺の地形を巧みに生かした構造となっているのだ。

資重の子・資持《すけもち》は那須氏に復姓し、烏山城は下那須氏の本拠地となった。1516（永正13）年に宗家だった上那須氏が断絶して上下那須氏が統一。その後は、烏山城が那須氏宗家の居城となった。しかし、1590（天正18）年の「小田原征伐」の際、当時の城

常盤曲輪では大手道沿い約30mにわたって石垣が伸びる

主・那須資晴《すけはる》が遅参したことを理由に、所領を没収されてしまう。その後は、豊臣秀吉によって転封させられた織田信雄《のぶかつ》が烏山城に入り、翌年には成田氏が会津福井城より転封となる。江戸時代になっても松下氏、堀氏、板倉氏、那須氏、永井氏、稲垣氏と頻繁に城主が代わり、1725（享保10）年に譜代大名の大久保常春《つねはる》が城主になったのちは、明治維新まで大久保氏が治めた。

城域は東西約370m、南北約510m、面積約88haと広大だった。1659（万治2）年に、当時の城主だった堀親昌《ちかまさ》が三ノ丸を新たな居館として築き、以降は、城主は三ノ丸に居を移した。1869（明治2）年の版籍奉還で廃城となっている。

烏山城 縄張図

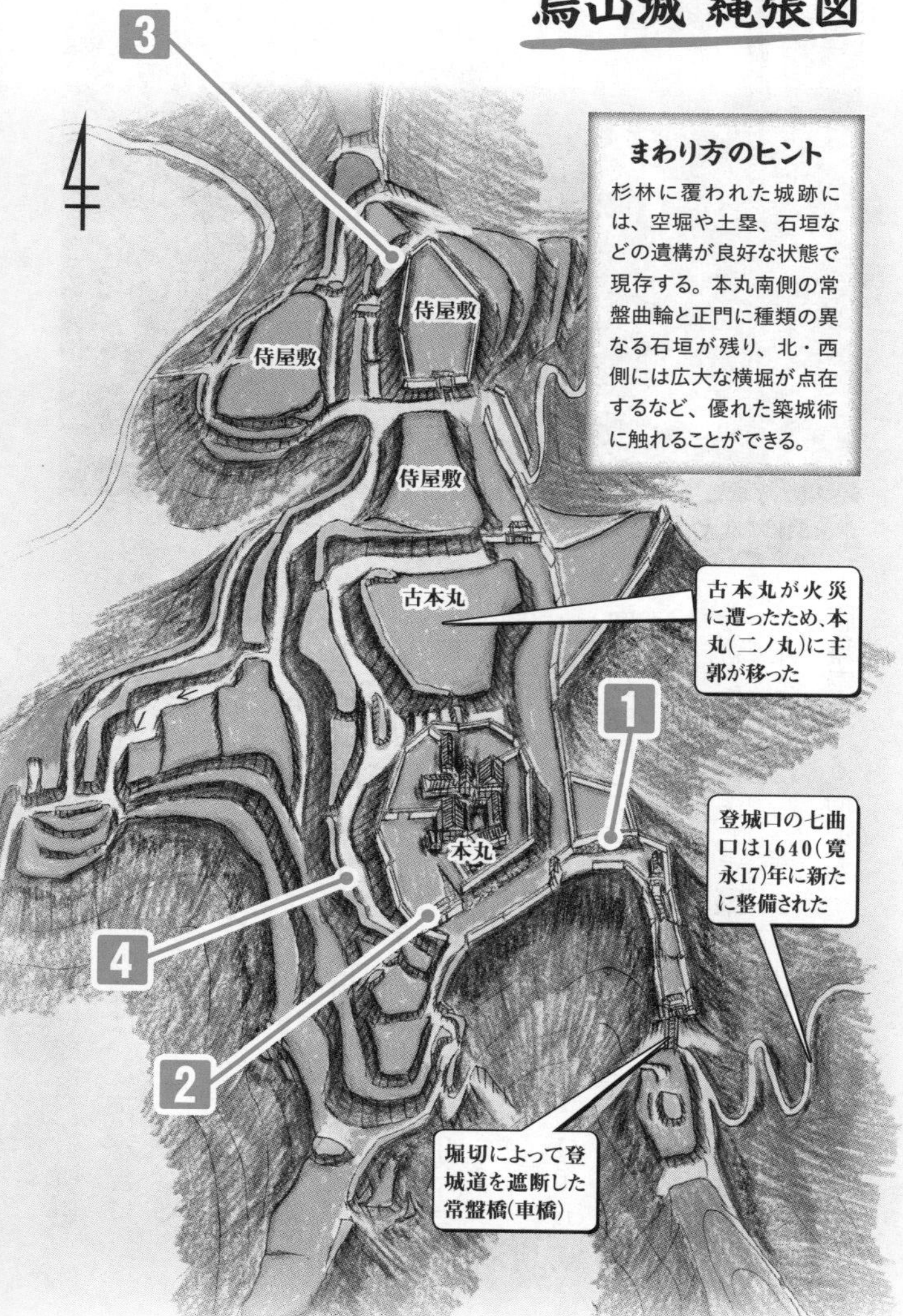
侍屋敷
侍屋敷
侍屋敷
古本丸
本丸
古本丸が火災に遭ったため、本丸(二ノ丸)に主郭が移った
登城口の七曲口は1640(寛永17)年に新たに整備された
堀切によって登城道を遮断した常盤橋(車橋)
1
2
3
4

まわり方のヒント

杉林に覆われた城跡には、空堀や土塁、石垣などの遺構が良好な状態で現存する。本丸南側の常盤曲輪と正門に種類の異なる石垣が残り、北・西側には広大な横堀が点在するなど、優れた築城術に触れることができる。

攻略のポイント

1 常盤曲輪の野面積み石垣

城の正面を守る重要な曲輪である常盤曲輪には、堀切によって通路を封鎖。吹貫門跡から約 30m にわたり現存する石垣は、最高で 3m ほどの高さがあり、横矢を掛けるのに利用された。

2 厳重な防御だけでなく格式高い正門

切り込みハギによる整った石垣が残る正門は、周囲を石垣と土塀で囲んで守りを固めていた。一部に石列が見られることから、正門にふさわしい格式を備えていたとされる。

3 搦手への攻撃に備えた北城の堀切

本丸の北側には搦手門にあたる桜門を構える。北城が中城や大野曲輪と連動して防御を固め、堀切や土塁を組み合わせて、複雑な虎口を形成していたと考えられる。

4 地形上の弱点を補う西方面の防御施設

城の西側は緩やかな峰続きで敵の侵入を受けやすいため、土塁や横堀などを巧みに用いて備えた。戦国時代の本丸（古本丸）の西下には、横堀が 2 段になっている箇所がある。写真は本丸西下の堀切。

出陣中に一族の裏切りで城を失う

鍋倉城《なべくらじょう》

所在地 岩手県遠野市遠野町　旧国名 陸奥国陸中

遠野《とおの》の豪族・阿曽沼《あそぬま》氏によって鍋倉城が築かれたのは、天正年間（1573〜1592年）の初めごろ、または中ごろだとされている。鍋倉山に築かれた城だったが、当時は鍋倉城ではなく、横田城または新横田城と呼ばれた。ここから3㎞ほど北、遠野盆地の西北部の猿ヶ石《さるがいし》川の北岸に元の横田城があったのだが、この周辺は洪水が多かったため、本拠地を鍋倉山へと移したのだ。

1590（天正18）年の「小田原征伐」で阿曽沼氏は参陣しなかったため、奥州仕置《おうしゅうしおき》によって改易こそ免れたが、三戸城主・南部信直《なんぶのぶなお》の配下に組み込まれることになった。1600（慶長5）年の「関ヶ原の戦い」では南部氏に従って出羽国《でわのくに》（山形県）に出陣したが、留守中に一族の鱒沢広勝《ますざわひろかつ》らに遠野を制圧されてしまう。その後も、阿曽沼氏は遠

別名
鍋倉館、遠野城、横田城、新横田城

築城年
1573〜1592年（天正年間）

主な城主
阿曽沼氏、遠野南部氏

遺構
曲輪、土塁、堀切、桝形虎口

威圧感を与えるような鋭い斜面上に本丸が広がる

野奪還を試みるが叶わず、没落していった。1601（慶長6）年には、遠野は南部氏の治下となり、1627（寛永4）年には、八《はち》戸《のへ》から一族である八戸（南部）直義《なおよし》が横田城（新横田城）に入城した。このとき、城は改修され、城名も鍋倉城と改められた。以降、1869（明治2）年の廃城まで遠野南部氏が城主を務めた。

鍋倉城は、鍋倉山の最高所に本丸、その南方に二ノ丸、北東に三ノ丸などの曲輪を構えており、中世山城の特徴を有している。城内には重臣の屋敷もあり、山麓には諸士屋敷もあったという。しかし現在、目にすることのできる遺構は戦国時代のものではなく、江戸時代以降に築かれたものだといわれている。

鍋倉城 縄張図

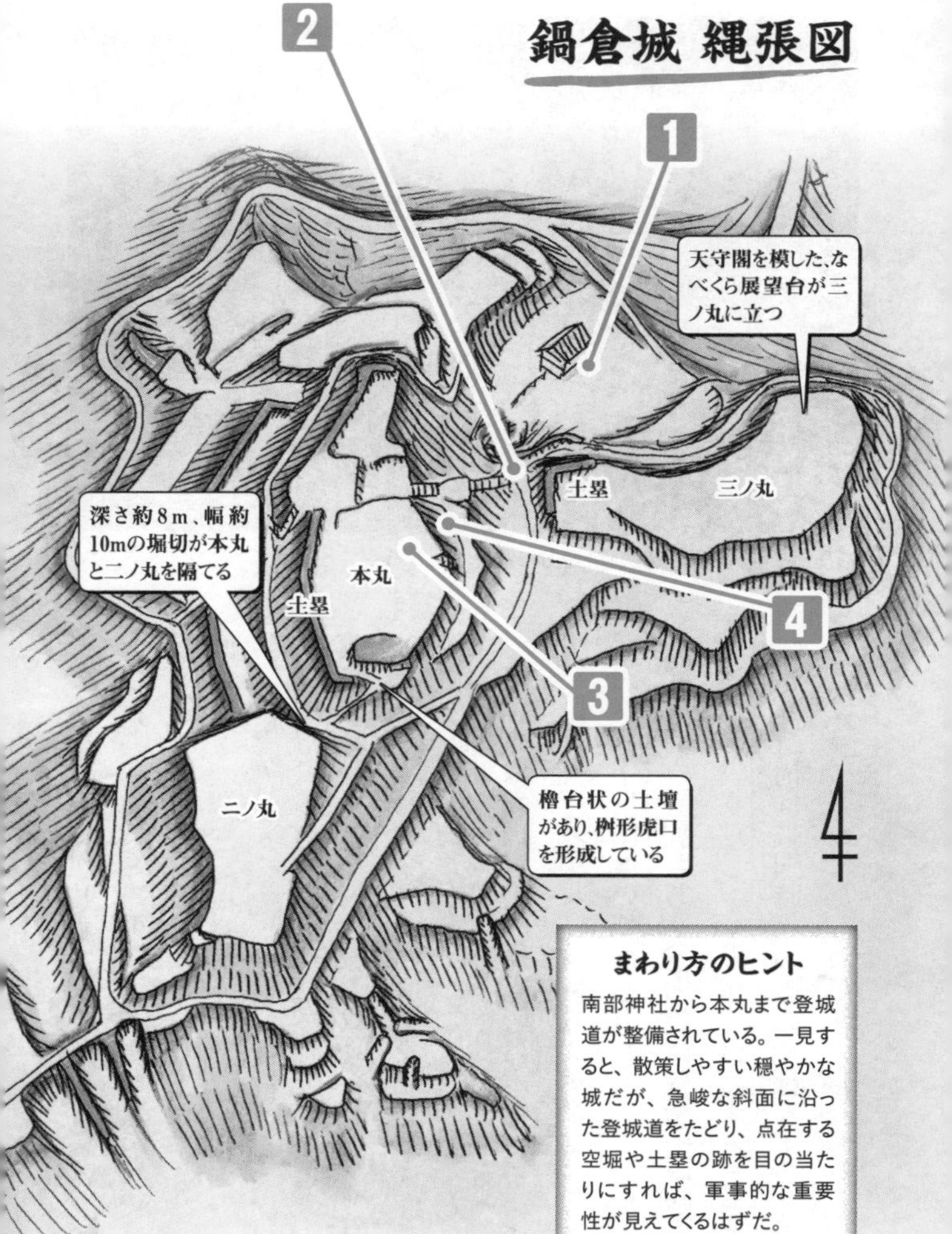

1
2
3
4
天守閣を模した、なべくら展望台が三ノ丸に立つ
土塁
三ノ丸
深さ約8m、幅約10mの堀切が本丸と二ノ丸を隔てる
本丸
土塁
櫓台状の土壇があり、桝形虎口を形成している
二ノ丸

まわり方のヒント

南部神社から本丸まで登城道が整備されている。一見すると、散策しやすい穏やかな城だが、急峻な斜面に沿った登城道をたどり、点在する空堀や土塁の跡を目の当たりにすれば、軍事的な重要性が見えてくるはずだ。

攻略のポイント

1 南部神社は巨大な桝形空間だったのか?

南部神社から本丸を見上げると、急峻な地形がよくわかる。高低差を生かし、南部神社が立つ曲輪に攻め寄せる敵を、左右の曲輪上から射撃したと考えられる。

2 南部神社を過ぎると本格的な登城道

本丸、二ノ丸、三ノ丸への登城道は、北に面した急な谷地を囲むように伸びる。要所には外敵に備え、両側に板塀土塁を築き、最下部には石積みの堰堤を造り、水溜堀とした。

3 大手門をくぐった先に本丸居館を構えた

本丸の表門にあたる大手門の先に表玄関の石段があり、城主・遠野南部氏の屋敷があったとされる。屋敷は矢を射る小窓を切った板塀で囲まれ、表門は四ツ足門、屋根は茅葺きだった。

4 本丸で実感する鍋倉城の重要性

本丸は急勾配上に造られただけでなく、7度にわたって土塁の改修を行ったとされる。仙台藩と接する領主の城として、厳重な防御を固める緊張感に満ちていたのだ。

数々の武将の手で強固な要塞となった

備中松山城《びっちゅうまつやまじょう》

所在地 岡山県高梁市内山下

旧国名 備中国

天守が現存する城は全国に12城しかないが、その中で唯一の山城として知られている。城が位置するのは標高約４８０ｍの臥牛《がぎゅう》山。地元の人からは「おしろやま」と呼ばれ親しまれている。臥牛山は「大松山」「天神ノ丸」「小松山」「前山」の四つの峰に分かれ、これらを中心に山域全体に城が築かれている。

築城は鎌倉時代といわれている。有漢《うかん》郷（岡山県高梁市有漢町一帯）の地頭だった秋庭重信が大松山に城を築いたのが始まりとされ、１８７３（明治６）年の廃城令までその歴史は続いた。この地は主要街道が交差したことから、戦国時代には激しい争奪戦が繰り広げられた。１５７１（元亀２）年に入城した三村氏や、三村氏を攻め落とした毛利氏が備中国支配の拠点としたことで、縄張も大きく変化していったという。その後も、毛利氏か

別名
高梁城

築城年
1240(延応2)年

主な城主
秋庭氏、三村氏、毛利氏、小堀政一(遠州)、水谷氏

遺構
石垣、井戸、曲輪、天守、堀切、土塀、二重櫓、桝形虎口

岩盤と石垣が一体化した大手門北側の高石垣

ら織田氏、再び毛利氏と、城主は目まぐるしく変わり、「関ヶ原の戦い」以降は徳川幕府に接収されて天領となった。

備中松山城の特徴は、戦国時代の中世城郭と、江戸時代の近世城郭の両方が見られることだ。天守のある本丸は標高430mの小松山に築かれ、近世城郭の中心となっている。本格的な整備は小堀正次と築庭家として知られる小堀政一《まさかず》（遠州《えんしゅう》）親子が備中代官として赴任したころから始まった。現在の姿となったのは、天和年間（1681～1684年）の城主・水谷勝宗《みずのやかつむね》による大改修のときだという。大松山には、曲輪や堀切など、土造りの中世の山城の遺構が残され、戦国時代の城郭としての姿を見ることができる。

備中松山城 縄張図

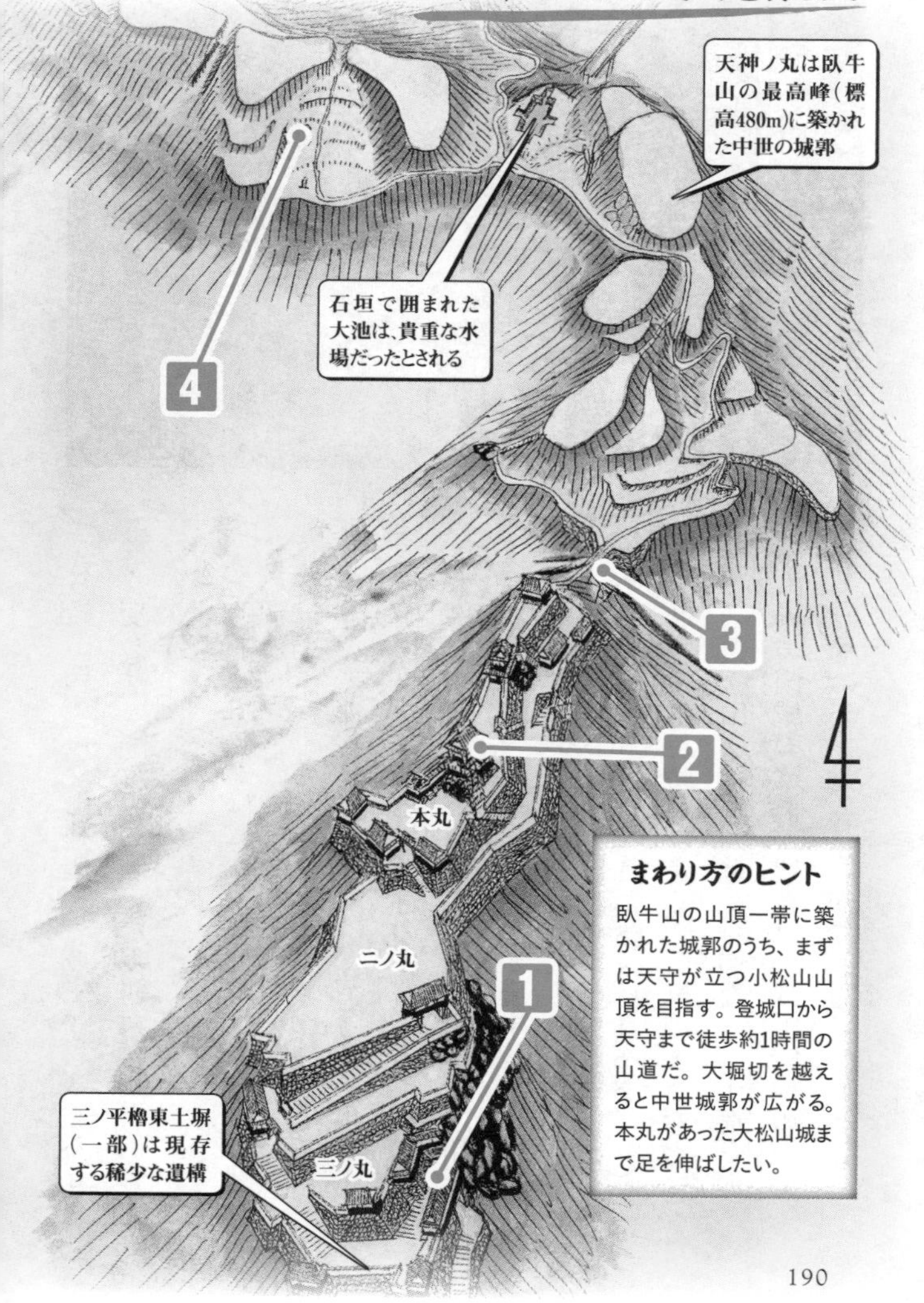
天神ノ丸は臥牛山の最高峰(標高480m)に築かれた中世の城郭
石垣で囲まれた大池は、貴重な水場だったとされる
4
3
2
本丸
二ノ丸
1
三ノ平櫓東土塀(一部)は現存する稀少な遺構
三ノ丸

まわり方のヒント

臥牛山の山頂一帯に築かれた城郭のうち、まずは天守が立つ小松山山頂を目指す。登城口から天守まで徒歩約1時間の山道だ。大堀切を越えると中世城郭が広がる。本丸があった大松山城まで足を伸ばしたい。

攻略のポイント

1 石垣と岩で固めた鉄壁の大手門

急斜面の登城道に突然現れる大手門。自然の岩盤の上に石垣を積み上げ、門をくぐった正面にも石垣を構え、折れを多用した技巧的な桝形構造だ。

2 櫓と連結した実戦的な天守

独立した二重二階の天守は、もともとは隣接する平櫓から渡櫓を経由して入る構造だった。窓には格子窓を採用して敵襲に備え、天守一階には籠城時の食事に備えた囲炉裏が残るなど、実戦を想定したことがわかる。

3 大堀切を越えると中世城郭が広がる

天守の立つ小松山から大松山への動線上に、木橋を架けた大堀切が伸びる。両側の高さは約 3m で、戦国期からの堀切であった可能性がある。大堀切を越えると、戦国期に重要な役割を果たした天神ノ丸を経て大松山城へと続く。

4 大松山城に残る石組遺構

大松山城には本丸・二ノ丸・三ノ丸のほか、腰曲輪と考えられる小さな平坦面が残る。井戸と考えられる石組遺構も残っており、中世には拠点だったことが窺える。

岩切城《いわきりじょう》

観応の擾乱で激しい合戦に見舞われる

所在地 宮城県仙台市宮城野区岩切入山・利府町神谷沢

旧国名 陸奥国陸前

岩切城を居城としていた留守《るす》氏は、奥州藤原氏が滅びたのちに陸奥国留守職に任じられた、源頼朝の重臣・伊沢《いさわ》将監家景《いえかげ》が留守姓を名乗ったことから始まっている。留守氏が治めるこの地は水運に恵まれ、東北地方の政治・経済の中心として栄えた。

標高106mの高森山に築かれた岩切城は、七北田川《ななきたがわ》下流域の平野を見下ろす、東西約700m、南北約200mの大きな山城だった。この城の正確な築城年は不明だが、南北朝時代に築かれたのではないかと推測されている。

1350（正平5・観応元）年、足利尊氏・幕府執事高師直《こうのもろなお》と尊氏の弟・直義《ただよし》が争った「観応《かんのう》の擾乱《じょうらん》」が起きると、その戦いは東北へも波及した。奥州管領に任命されていた吉良《きら》貞家《さだいえ》と畠山高国・国氏親子が対立し、1351（正平6・観応2）年には尊氏側についた

別名
高森城、鴻の館

築城年
南北朝時代

主な城主
留守氏

遺構
曲輪、竪堀、土塁、堀切、土橋

主郭（写真右）と南東側の小曲輪間の大堀切

留守家次が畠山高国らとともに岩切城に籠城した記録が残っている。この戦いで岩切城は落城し、留守氏は一時没落した。

その後は、奥州管領の大崎氏に従って勢力を盛り返すことを画策。戦国時代になると、留守氏は伊達晴宗《はるむね》の三男・政景《まさかげ》を養子に迎えた。留守氏18代となった政景は1570（元亀元）年に居城を利府《りふ》城（宮城県利府町）へと移す。これにより岩切城は廃城となった。

1982（昭和57）年に国史跡に指定されており、「県民の森」の一部として整備され、本丸跡は「高森山公園」となっている。東北地方の典型的な中世城郭の遺構がよく残っていたが、東日本大震災により、一部が崩落してしまった。現在は復元されている。

岩切城 縄張図

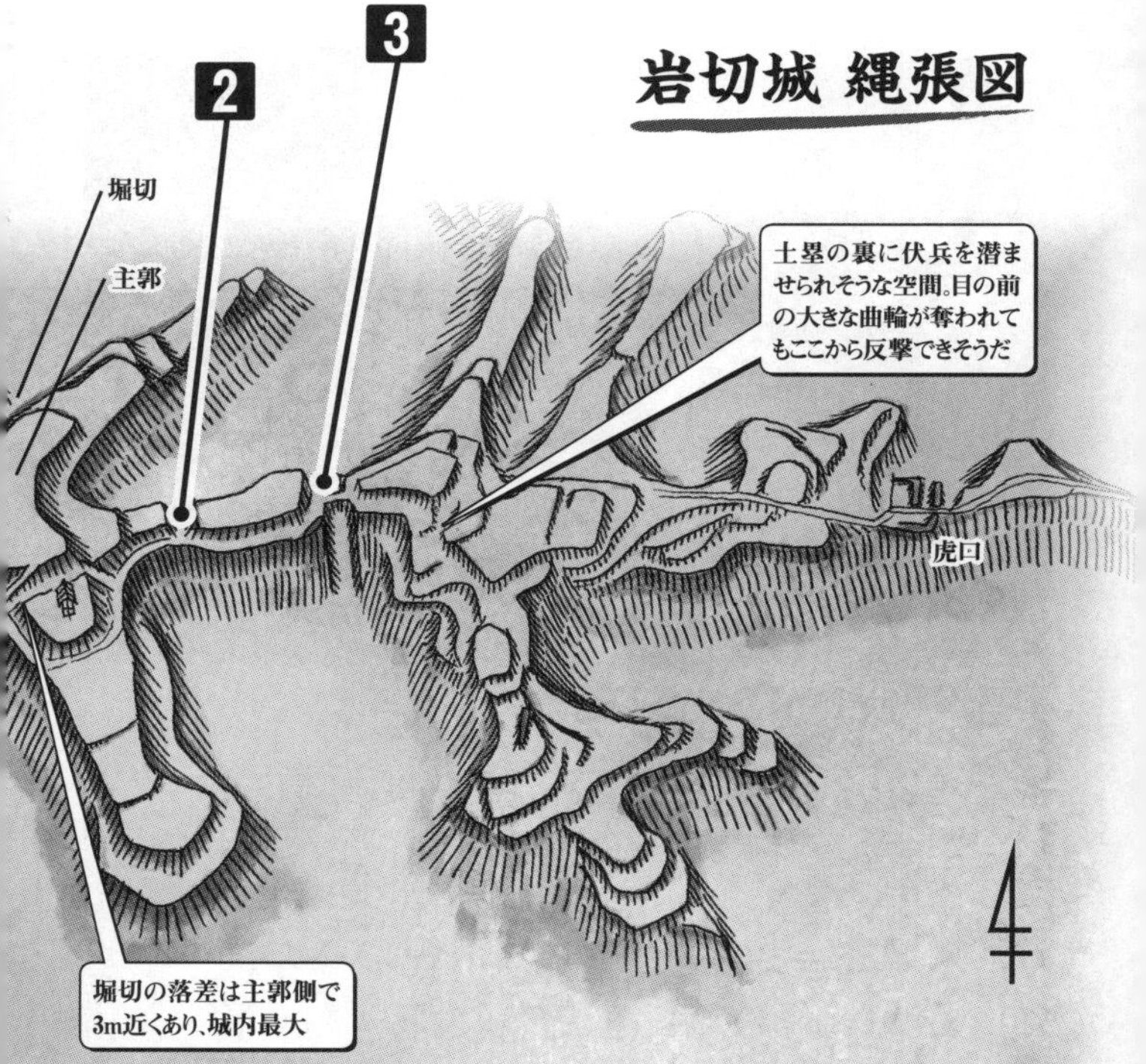

2
3
堀切
主郭
土塁の裏に伏兵を潜ませられそうな空間。目の前の大きな曲輪が奪われてもここから反撃できそうだ
虎口
堀切の落差は主郭側で3m近くあり、城内最大

2 尾根をえぐり堀切を構える

落差 2m はあろうかという堀切。やや浅く角度が緩く見えるのは、経年変化のせい? 往時は左脇の登山道部分まで続いていたと思われる。

まわり方のヒント

西尾根の先端部に駐車場あり。基本的には尾根伝いに奥へ向かい、虎口までたどり着いたら引き返したい。主郭から西尾根にかけての各堀切は、行きは真横から、帰りは曲輪上からと、異なる角度で眺めたい。

攻略のポイント

1 曲輪間の移動を断つ ナタで斬ったような堀切

堀切の前後二つの曲輪の高さが揃っていることから、元々はひとつづきの尾根だったことがわかる。足元に落とし穴のように設けられた堀切で、落差は２mほど。

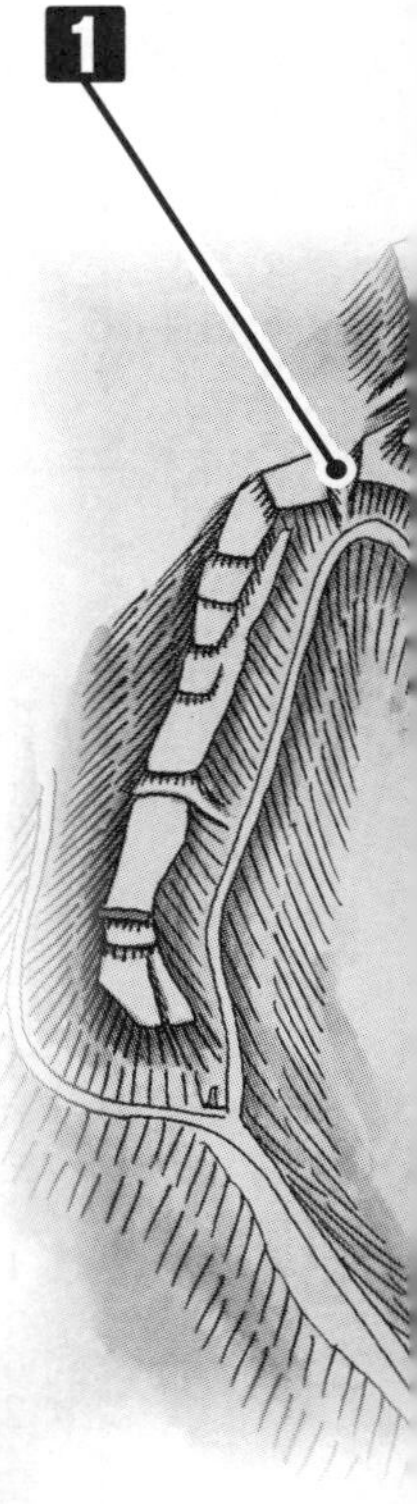

3 土橋&両脇に竪堀で 狭隘路が待ち受ける

まさに「土の城の教科書通り」とでもいうべき土橋と竪堀。土橋の向こう側が城の中心部で、奥に見える台地状の曲輪の側面がやや斜めになっているのは、土橋を狙いやすくするための工夫か。

阿波国の守りの要として争奪戦

一宮城《いちのみやじょう》

所在地 徳島県徳島市一宮町西丁

旧国名 阿波国

別名

──

築城年

1338(暦応元・延元3)年

主な城主

小笠原氏、長宗我部氏、蜂須賀氏

遺構

石垣、曲輪、竪堀、土塁、堀切

標高144mの山に築かれた一宮城は、山頂の本丸を中心として複数の曲輪や堀、土塁が残っている。鮎喰川《あくいがわ》の南岸に位置し、背後には険しい山々がそびえる地だ。築城は南北朝時代の1338(暦応元・延元3)年と伝わり、一宮国造・一宮宗成を滅ぼした小笠原長宗がこの地に移り住み、一宮城を築いたとされている。その後、小笠原氏は一宮氏を称するようになった。

一宮城は北朝方の細川氏に幾度となく攻め込まれた。1362(貞治元・正平17)年に細川氏に敗れると、一宮氏は北朝方に下り、阿波国守護となった細川氏に従った。のちに、三好氏が阿波国を支配すると、三好家臣団の中でも重鎮となる。

しかし、1582(天正10)年に長宗我部《ちょうそかべ》元親《もとちか》が一宮城に侵攻し阿波国を平定すると、

本丸は荒々しい野面積みの石垣で四方を固められている

当時の城主だった一宮成助《なりすけ》は謀殺されてしまう。長宗我部氏は一宮城を豊臣秀吉の四国征伐に対する防衛拠点とし、1585（天正13）年には、一宮城で長宗我部元親と豊臣秀長が戦を繰り広げた。秀長の軍は4万にもおよんだという。長宗我部氏は一宮城を開城、秀吉の命で蜂須賀《はちすか》家政《いえまさ》が入城した。

　家政は翌年には徳島城（徳島県徳島市）を築いてそちらに移り、一宮城は「阿波九城」と呼ばれる重要な支城の一つとされた。城には家臣の益田長行《ながゆき》を置いている。今も、見事な石垣造りの本丸が残っているが、この時代に改修されたものといわれている。1615（元和元）年に一国一城令が発布され、1638（寛永15）年には廃城となった。

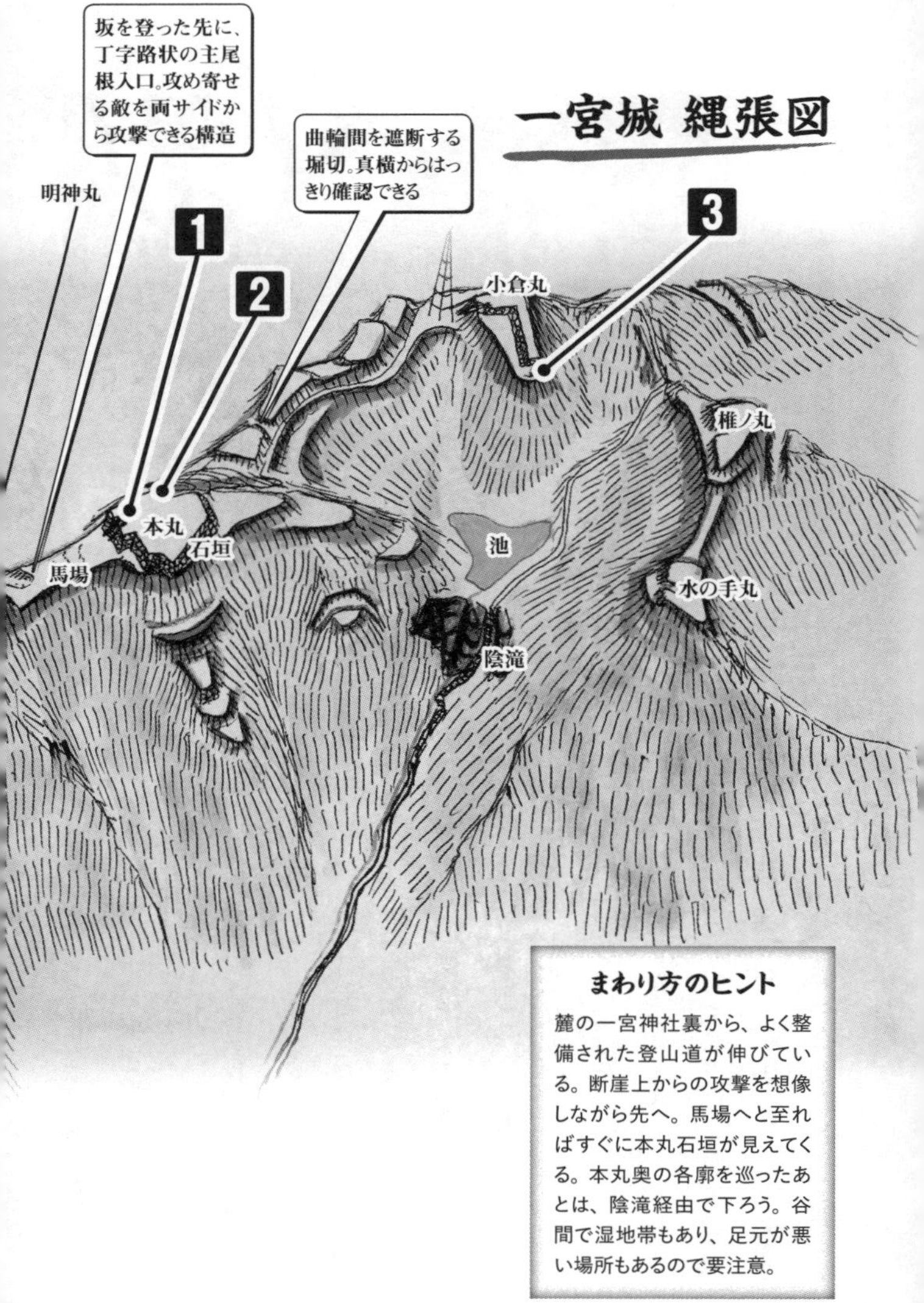
一宮城 縄張図
坂を登った先に、丁字路状の主尾根入口。攻め寄せる敵を両サイドから攻撃できる構造
曲輪間を遮断する堀切。真横からはっきり確認できる
明神丸
1
2
3
小倉丸
椎ノ丸
本丸
石垣
馬場
池
水の手丸
陰滝

まわり方のヒント

麓の一宮神社裏から、よく整備された登山道が伸びている。断崖上からの攻撃を想像しながら先へ。馬場へと至ればすぐに本丸石垣が見えてくる。本丸奥の各廓を巡ったあとは、陰滝経由で下ろう。谷間で湿地帯もあり、足元が悪い場所もあるので要注意。

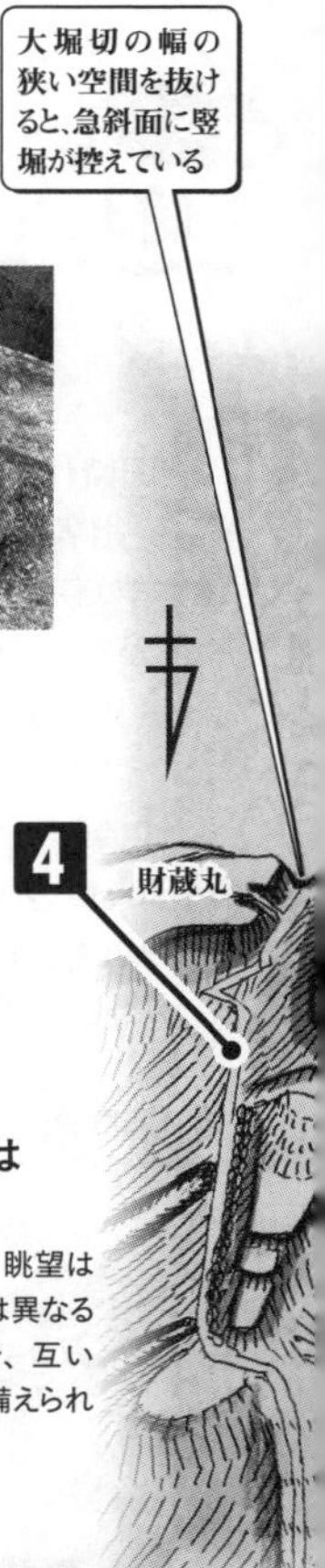
大堀切の幅の
狭い空間を抜け
ると、急斜面に竪
堀が控えている
4
財蔵丸

攻略のポイント

1 高低差を生かして近づく敵を撃破

本丸先端の石垣上からは、直線的に伸びた馬場が見通せる。入口自体は平虎口状の石段だが、そこにたどりつくまでに、真正面から狙い撃ちされてしまう。

2 石垣を折れさせ横矢掛かりに

本丸の四方をぐるりと囲む高石垣は、ところどころで折れを伴っている。南側面のものが最も見やすい。二つの角度から同時に攻撃できる、いわゆる「横矢掛かり」だ。

3 尾根突端部には狼煙台を設置

小倉丸の先端には狼煙台。眺望は見事に開けている。本丸とは異なるアングルを確保できるので、互いに補完しあって敵の来襲に備えられる。

4 右にも正面にも絶壁くぐり抜けるのは至難の業

登山道を進むとやがて、10ｍ近い落差の断崖が右手と正面に。圧倒的不利な状況を突破し、さらにこの先で急坂を登らなければ、この城を攻め落とすことはできない。

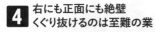

まだある! 知られざる隠れた名城

美麗なる高石垣で本丸を守る

金山城《かなやまじょう》

所在地 宮城県丸森町金山坂町　旧国名 陸奥国磐城

戦国時代のこの地は、伊達氏VS相馬氏の最前線。相馬氏の家臣が築城したが、1584(天正12)年に伊達氏が奪取した。その3年前、伊達政宗が初陣を飾った攻城戦の舞台にもなっている。比高90mほどの丘陵に築かれた比較的コンパクトな城だが、本丸の東側面の高石垣、頭上に架橋していたと伝わる大堀切など、手抜かりなく城内各所に工夫が凝らされている。「境目の城」として、それだけ重要視されていたということなのだろう。

別名
金山要害

築城年
1566(永禄9)年

主な城主
藤橋紀伊
相馬氏、伊達氏、中島氏

遺構
石垣、曲輪、土塁、堀切

攻略のポイント

本丸に敵を寄せつけぬ高石垣

城の規模からすると、不自然なほど立派な高石垣。しかも大半の石が断面をキレイに整えられている。遺構としても極めて良好な状態。

大堀切の頭上には橋も架けられていた

幅、落差ともに2～3mの大堀切。小島のように独立した出丸（写真左）と、本丸下の二ノ丸（写真右）を繋ぐため、橋がかかっていたという。

まだある! 知られざる隠れた名城

猛将の本拠は堀切の宝石箱

葛尾城《かつらおじょう》

所在地 長野県坂城町坂城・千曲市磯部　旧国名 信濃国

北信濃一の勢力を誇り、武田信玄のライバルで二度も信玄に勝利した村上義清の居城。標高817m、居館のある麓からの比高は387mもあり、しかも切り立ったノコギリ状の山。尾根の随所に鋭い堀切を切り、さらにその両側を切岸加工している。全国でも屈指の連続堀切は鎌刃城(P100)と双璧をなす。尾根伝いに少し南へ下ると姫城、東に下れば岩崎城。これらは独立した城というより、葛尾城の出丸的な位置づけだったと思われる。

別名
―

築城年
不明

主な城主
村上氏、竹田市、上杉氏、森氏

遺構
石垣、曲輪、土塁、堀切

攻略のポイント

城の突端部は石垣を構築

北東側尾根、ほぼ城域の端に設けられた堀切には、城内側に石垣が組まれている。さらにその手前も片側に竪堀。尾根が細く削られている

侵入を断ち切る圧巻の堀切

堀底に立ってみると、両脇からの圧迫感が凄い。ハシゴがかけられていなければ、危険すぎて前には進めない。

まだある! 知られざる隠れた名城

豊臣家重臣が歴任した対徳川の備え

水口岡山城《みなくちおかやまじょう》

所在地 滋賀県甲賀市水口町水口 **旧国名** 近江国

標高約283mの大岡山(現在の古城山)に中村一氏《かずうじ》が築城。続いて、豊臣家五奉行の増田《ました》長盛《ながもり》、長《な》束正家《つかまさいえ》が城主として続き、豊臣政権の甲賀支配の拠点となる。大溝《おおみぞ》城(滋賀県高島市)の古材を使い、山頂部に高石垣を巡らせ、瓦葺きの建物が連立して周囲を威圧したとされる。「関ヶ原の戦い」後に廃城となり、石垣や堀切、竪堀が残るばかりだが、伝本丸周辺の高石垣や喰違虎口は往時の威容を誇る。東側の守りが重視された構造にも注目したい。

別名
水口古城

築城年
1585(天正13)年

主な城主
中村一氏、増田長盛、長束正家

遺構
石垣、曲輪、竪堀、土塁、堀切、喰違虎口

攻略のポイント

総石垣の名残りか? 伝本丸に残る高石垣

伝本丸の北側斜面には複数の石垣が残る。高さ約4mの石垣もあるが、いずれも上部が崩れているため、本来の高さはわからない。南側斜面からも石垣が見つかっており、伝本丸は総石垣であった可能性が高い。

東への警戒心を表す二カ所の喰違虎口

伝本丸は石垣や土塁、竪堀のほか、二カ所の喰違虎口を東側に構える。さらに、東に伸びる尾根上には伝二ノ丸、伝三ノ丸、伝出丸を配して守りを固めている。

まだある! 知られざる隠れた名城

島津四兄弟が過ごした天険の要害

伊作城《いざくじょう》

所在地 鹿児島県日置市吹上町中原　旧国名 薩摩国

南北朝時代に伊作島津家の初代当主・島津久長《ひさなが》が築き、島津氏が増築を繰り返した。城地に選んだシラス台地は周囲を急斜面に囲まれ、伊作川や谷などの自然地形を生かした要害の地だ。断崖のような空堀で分け、本丸に相当する亀丸城を中心として蔵之城、山之城、東之城など20以上の曲輪が存在する。曲輪を「城」と表記するのは、鹿児島の城に見られる特徴だ。戦国時代に名を馳せた、島津四兄弟の生誕地としても知られる。

別名
中山城

築城年
南北朝時代?

主な城主
伊作島津氏

遺構
井戸、空堀、曲輪、土塁

攻略のポイント

敵の戦意を削いだ断崖絶壁の亀丸城

本丸に当たる亀丸城は、シラスの侵食谷を生かした一辺が100m近い切岸上にある。虎口を見張る帯曲輪や土塁の跡が残るほか、島津四兄弟、義久、義弘、家久《いえひさ》、歳久《としひさ》の誕生石が立つ。

空堀上に木橋を架け独立した曲輪を結ぶ

亀丸城と蔵之城を分ける空堀に木橋が架かる。独立した各曲輪を連携させることは、シラス土壌の城の重要な課題だ。城内最大の空堀は長さ約180m、深さ10m以上あり、空堀は防御だけでなく通路としても利用した。

本書で紹介の城 分布マップ

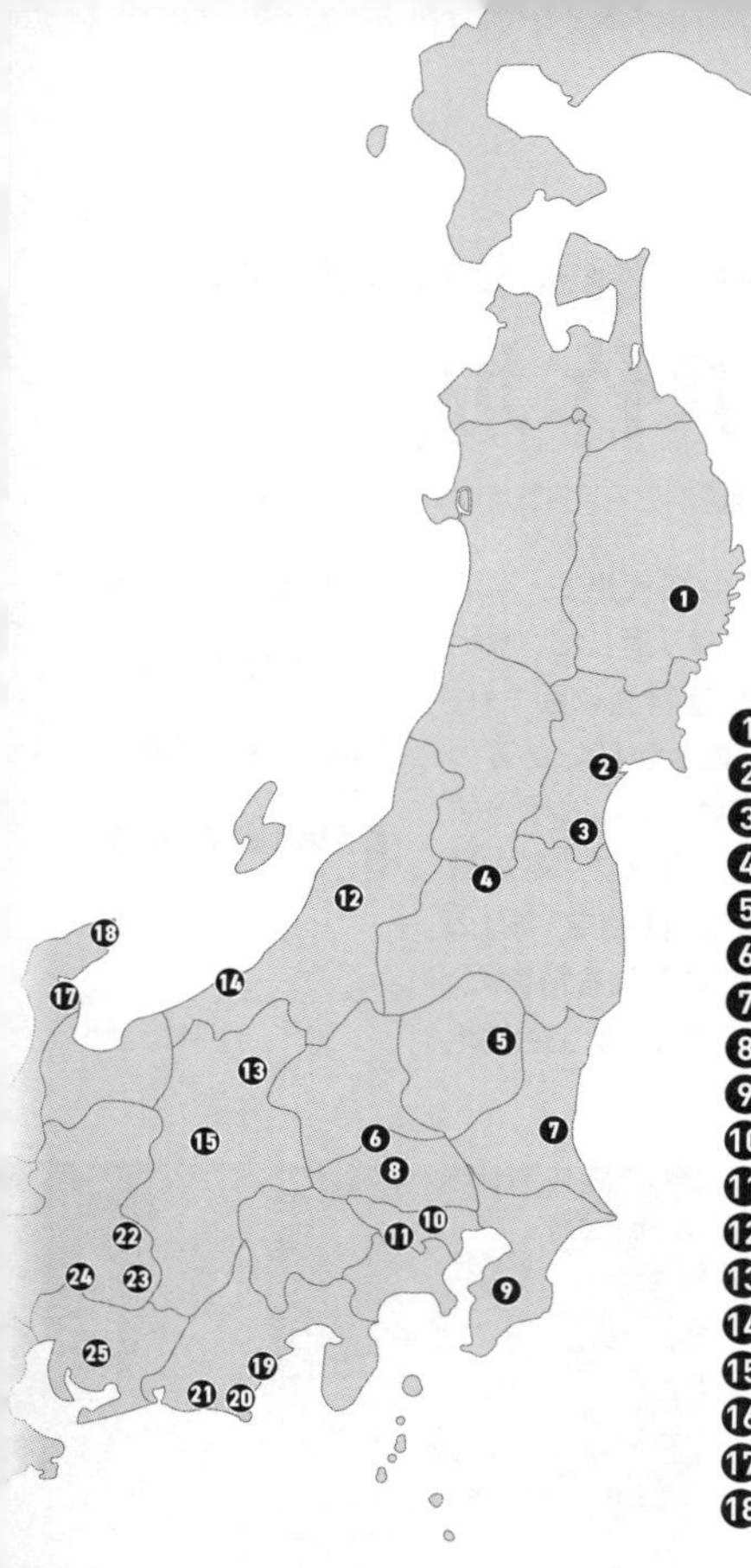

1 鍋倉城(岩手県遠野市)▶P184
2 岩切城(宮城県仙台市/利府町)▶P192
3 金山城(宮城県丸森町)▶P200
4 桧原城(福島県北塩原村)▶P152
5 烏山城(栃木県那須烏山市)▶P180
6 鉢形城(埼玉県寄居町)▶P44
7 小幡城(茨城県茨城町)▶P144
8 杉山城(埼玉県嵐山町)▶P68
9 久留里城(千葉県君津市)▶P92
10 滝山城(東京都八王子市)▶P24
11 八王子城(東京都八王子市)▶P64
12 栃尾城(新潟県長岡市)▶P40
13 葛尾城(長野県坂城町/千曲市)▶P201
14 春日山城(新潟県上越市)▶P36
15 埴原城(長野県松本市)▶P156
16 増山城(富山県砺波市)▶P128
17 七尾城(石川県七尾市)▶P32
18 萩城(石川県珠洲市)▶P177

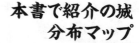

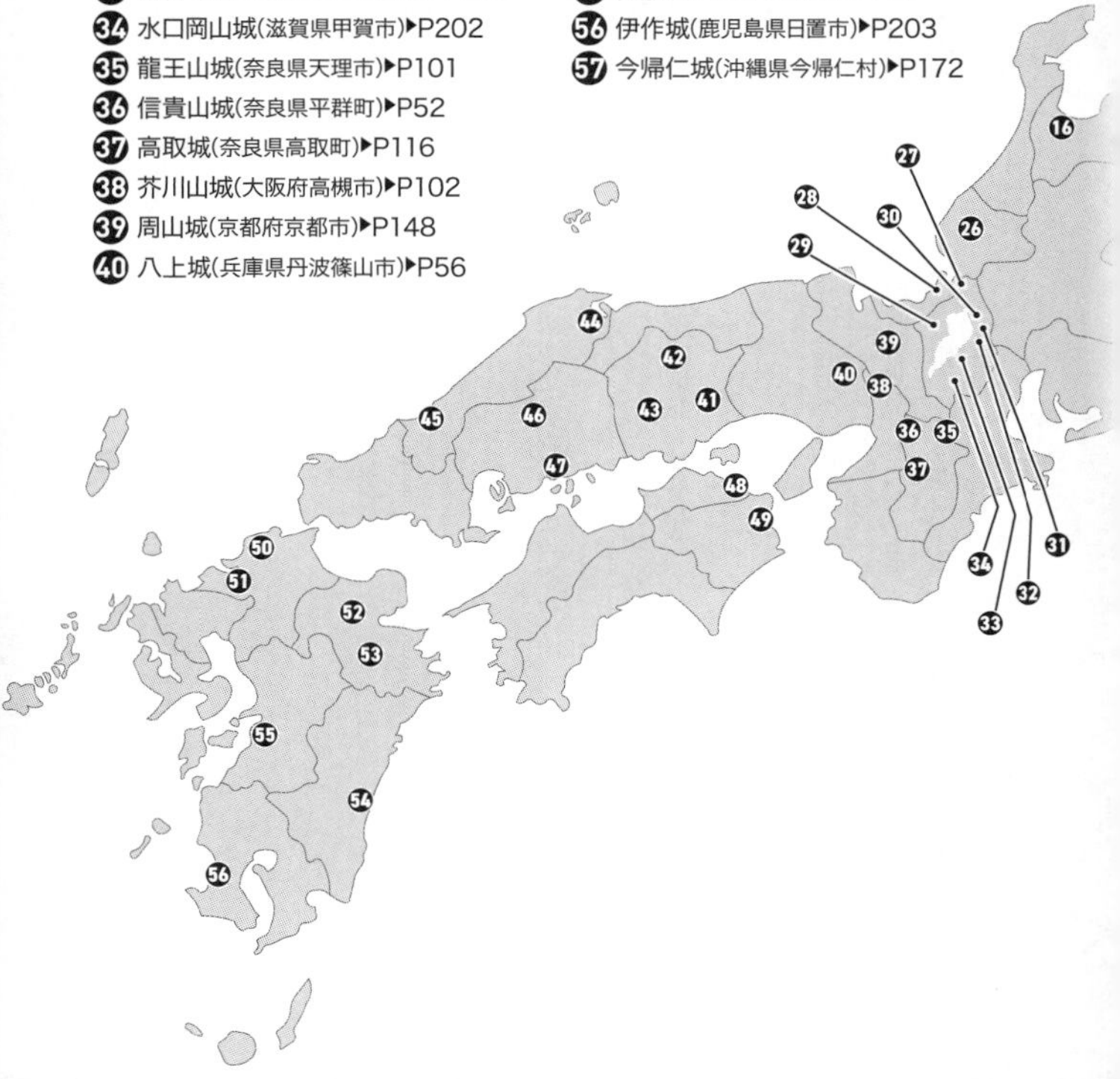

16
27
28
30
26
29
39
44
42
40
38
45
46
43
41
36
35
47
37
48
49
50
51
52
53
55
54
56
31
34
32
33

参考文献

『歴史を訪ねる 城の見方・楽しみ方』小和田哲男・監修（池田書店）
『大きな縄張図で歩く！楽しむ！完全詳解 山城ガイド』加藤理文・監修（学研プラス）
『決定版 図説・戦国合戦集』歴史群像編集部・編（学研プラス）
『決定版 図説・戦国地図帳』久保田昌希・監修（学研プラス）
『日本100名城公式ガイドブック』公益財団法人 日本城郭協会・監修（学研プラス）
『続日本100名城公式ガイドブック』公益財団法人 日本城郭協会・監修（学研プラス）
『攻防から読み解く「土」と「石垣」の城郭』風来堂・編（実業之日本社）
『難攻不落の城郭に迫る！『山城』の不思議と謎』今泉慎一・監修（実業之日本社）
『日本の名城データブック200』今泉慎一（実業之日本社）
『ビジュアル百科 1冊でまるわかり！日本の城1000城』大野信長 加唐亜紀 有沢重雄（西東社）
『全国 城攻め手帖』風来堂・編（メディアファクトリー）
『日本の山城100名城』かみゆ歴史編集部（洋泉社）
『見どころとルートをプロが教える！「山城歩き」徹底ガイド』かみゆ歴史編集部（洋泉社）
『地図で旅する！ 日本の名城』千田嘉博・監修（JTBパブリッシング）
『地形と立地から読み解く「戦国の城」』萩原さちこ（マイナビ出版）
『日本の名城解剖図鑑』米澤貴紀・著／中川武・監修（エクスナレッジ）
『城のつくりかた図典』三浦正幸（小学館）
「歴史の道百選〝会津・米沢街道（桧原峠越え）〟案内リーフレット」福島県北塩原村
「リーフレット京都 No.374 考古アラカルト85 周山城跡―明智光秀が築いた山城―」公益財団法人 京都市埋蔵文化財研究所
「烏山城パンフレット」那須烏山市

イースト新書Q

Q069

図解《ずかい》「地形《ちけい》」と「戦術《せんじゅつ》」で見《み》る日本《にほん》の城《しろ》

風来堂《ふうらいどう》

2021年1月20日　初版第1刷発行

DTP　小林寛子
図版協力　余湖浩一／TIK株式会社
執筆協力　青柳智規／小川直城／加藤桐子／三城俊一／薮内成基
編集　岡田宇史
発行人　北畠夏影
発行所　株式会社イースト・プレス
東京都千代田区神田神保町2-4-7
久月神田ビル　〒101-0051
tel.03-5213-4700　fax.03-5213-4701
https://www.eastpress.co.jp/
ブックデザイン　福田和雄（FUKUDA DESIGN）
印刷所　中央精版印刷株式会社

ISBN978-4-7816-8069-9